AF236582

Paul Bartsch

LiveRillen No. 1

Konzerte aus sechs Jahrzehnten
Rockmusikgeschichte –
direkt vom Plattenteller abgedreht

Radio CORAX auf UKW 95.9 KHz und weltweit im Netz:
https://radiocorax.de

Hinweise in eigener Sache:

Aufgrund der Vielzahl und des Alters der im Text erwähnten Schallplatten ist es schier unmöglich, die jeweiligen Bild- und Urheberrechte für die Cover bei den größtenteils nicht mehr existierenden Labels zu klären. Ich habe die Cover hier *in durchaus werbender Absicht* in den Text eingefügt. Als *Quelle* sind die konkreten Plattenausgaben mit Label und Erscheinungsjahr angegeben. Sollte(n) sich der oder die Inhaber der jeweiligen Rechte dennoch benachteiligt fühlen, bitte ich um entsprechende Information – sicher finden wir gemeinsam eine probate Lösung.

Falls Sie Interesse haben, die eine oder andere LiveRillen-Sendung komplett nachzuhören, stelle ich Ihnen diese gern zur Verfügung. Die mp3-Datei wird Ihnen per WeTransfer übertragen und ist *ausschließlich für den privaten Gebrauch* gedacht!

Anfragen richten Sie bitte per Mail an: liverillen@gmx.de.

© 2022 Paul Bartsch
Herstellung und Verlag: BoD – Books on Demand, Norderstedt
ISBN: 9783754323991

Titelfoto: © Hannes Wiedemann | Leipzig | 2021

5. durchgesehene und korrigierte Auflage | Juli 2022
Preis: 7,00 Euro

Eine Rille vorab

Musik muss man hören. Klar. So, wie man Bilder sehen muss. Das unmittelbare Erlebnis eines Musikers oder einer Band im Konzert ist nicht zu ersetzen. Das wissen wir alle, die wir unzählige Male dabeigewesen sind – im Konzertsaal, auf der Freilichtbühne, im Stadion oder im Jazzclub. Was bleibt, ist die Erinnerung an unvergessliche Momente, an Begeisterung, Ergriffenheit, Emotionalität. Was kann es Schöneres geben?! Wie meinte da schon olle Goethe: *Verweile doch, du bist so...* Aber natürlich konnte und kann man nicht überall dabei sein, wo die Musik spielt. Und viele einzigartige Konzertmomente sind inzwischen unwiederholbar – die Bands haben sich längst aufgelöst, oder die Musiker sind bereits Teil jener leider rasch größer werdenden Community, die auf Wolke Sieben gemeinsam mit Elvis, Jimi, Janis, Brian oder Jim für die himmlischen Heerscharen swingt, beatet, rockt und groovt. Was uns da bleibt? Nun – immerhin die Möglichkeit, die eine oder andere Scheibe aus dem Plattenregal zu ziehen, die Nadel vorsichtig auf das rotierende Vinyl abzusenken und uns durch das, was da aus den Lautsprechern dringt, mit geschlossenen Augen in die Atmosphäre des längst Vergangenen zurückversetzen zu lassen.

Äh – Schallplatte, wie, was?! Ist das nicht absolut veraltet und uncool? Ehrlich: So habe ich selbst mal gedacht. Das war 1990, die Mauer war endlich gefallen, ich hatte statt der DDR-Alu-Chips echtes Geld in den Händen und konnte mich ungehemmt mit dem seinerzeit neuen, modernen Medium *Compact-Disc* eindecken. Dafür habe ich meinen Plattenspieler verschrottet und meine zu Ostzeiten mühsam erkämpfte Sammlung von rund 200 Westplatten regelrecht verschleudert (für diejenigen, die es nicht miterlebt haben, nur mal zur Orientierung: man traf sich konspirativ in verrauchten Altbau-Wohnungen, in die man nur auf ein zuvor vereinbartes Klopfzeichen eingelassen wurde, zum Tauschen, Kaufen und Verkaufen des schwarzen Goldes – für „Physical Graffiti" von *Led Zeppelin* habe ich 240,- DDR-Mark auf die abgeschabte Linoleumdecke eines Küchentisches gelegt, das war ein gutes Drittel meines Monatsgehalts an der Universität – allerdings belief sich seinerzeit die Miete für unsere 4-Zimmer-Altbauwohnung mit Küche, Bad und riesiger Veranda auf schlappe 80,- Mark...).

Nun, jedenfalls habe ich damals alle meine schwarzen Scheiben verkauft und durch schnöde Silberlinge ersetzt. Ja, ja, ich weiß – das war echt blöd! Aber manche Erfahrung braucht halt ihre Zeit. Die war für mich gekommen, als ich vor ein paar Jahren beim Besuch eines Freundes vor dessen Plattenregal stand. Wir zogen die eine oder andere Hülle heraus, klappten die Alben auf, vertieften uns in die Credits und die Bilder, genossen die gestalterische Ästhetik und das haptische Vergnügen, Musik tatsächlich in den Händen zu halten. Da war er, der Soundtrack unseres Lebens. Und an dem Abend wurde mir klar, dass mir vor dem irgendwann anstehenden Ruhestand nicht bange sein muss: Wer sammelt, der rostet nicht!

Ich habe also meine mehr als zweitausend CDs wieder verkauft und davon nur behalten, was mir wirklich wichtig ist. Und ich habe begonnen, Schallplatten zu sammeln. Dabei war klar: Bei dem Überangebot will ich nicht wild drauflos hamstern, sondern gezielt Ausschau halten. Wonach? Nun – ich bin selbst Musiker, und deshalb interessierten mich schon immer ganz besonders die *Stunden der Wahrheit*: Konzertmitschnitte. Also war klar: Meine Sammlung wird ein Archiv der Live-Alben! Und meine ersten drei Platten, die ich (in Warnemünde im Plattencafé am Leuchtturm) aus den Kisten wühlte, gehören noch heute zu meinen Favoriten: *Wishbone Ash: Live Dates, Journey: Captured* und *Colosseum: Live!*

Seither sind Hunderte hinzugekommen. Als ich noch Dienstreisen machen musste, habe ich vorher im Internet geschaut, ob die Städte, in die ich fuhr, einen Plattenladen haben. Ich besuche die regionalen Plattenbörsen in Leipzig oder Dresden, bin natürlich auf Ebay unterwegs und schaue mir die monatlichen Newsletter von *Fun Records, Discogs* und anderen Portalen sehr genau an. Stilistisch bin ich nicht festgelegt; meine Vorliebe für Gitarren, für Bluesrock und gutes Songwriting will ich natürlich nicht leugnen, doch findet sich in den Regalen auch Folk, Beat, Reggae, Soul, Hardrock, Wave oder Fusion-Jazz. Genau diese Vielfalt brachte mich auf die Idee, mehr daraus zu machen. Und da wir in Halle mit *Radio Corax* seit dem Sommer 2000 ein großartiges nichtkommerzielles, freies Radio haben, lag es nahe, dort anzuklopfen mit der Idee einer monatlichen Sendung – so wurden die *LiveRillen* geboren, die seit April 2018 regelmäßig *on Air* gehen.

◄ RADIO CORAX ❘ ❘ ❘ ❘ ❘ ❘ 95.9 FM

In Vorbereitung der Sendungen sichte ich mein Plattenarchiv, höre mich durch die relevanten Alben, durchforste mein Musikbuch-Regal und recherchiere im Internet. Daraus entstehen die Sendungsmanuskripte, die ich seither brav abhefte. Warum aber sollten die zwischen Aktendeckeln verstauben? Mehrere Freunde der Sendung haben den Wunsch geäußert, das eine oder andere, was beim bloßen Hören verloren geht, in Ruhe nachlesen zu können. Das ist nunmehr möglich durch die Buchreihe *LiveRillen*, deren erster Band hiermit vorliegt.

Das funktioniert im Übrigen aber auch ganz ohne Kenntnis der ursprünglichen Sendung, zumal man sich die darin erwähnte Musik ja inzwischen auf die eine oder andere Weise verfügbar machen kann. Denn wie hieß es weiter oben: Musik muss man hören – wenn möglich, von Vinyl und parallel zur Lektüre dieses Buches!

Im Schaufenster eines Second-Hand-Ladens für Schallplatten in Berlin hängt dieses Schild: *CDs sind Sondermüll mit Verpackung!* Ganz so weit würde ich zwar nicht gehen in Zeiten, da Musik mehrheitlich unverpackt und digital per Audiostream an die jungen *Endverbraucher*/_Innen* gelangt, aber die Tendenz stimmt schon: *Vinyl ist unersetzlich!*

In diesem Sinne wünsche euch und Ihnen gute Unterhaltung *Paul Bartsch!*

No. 01:   CREAM de la Crème

April 2018

Hallo und willkommen, liebe Freundinnen und Freunde der populären Musik! Dies sind die *LiveRillen*, ein neues Format, das euch ausschließlich Konzertmitschnitte direkt von Vinyl nahebringen will, mit Knistern und mit Knacken – sozusagen als analoger Hörgenuss im digitalen Zeitalter! Ich hoffe, ihr habt dabei genauso viel Freude wie ich.

Ich werde monatlich ein Thema präsentieren, zu dem sich die Liveaufnahmen gesellen, und glaubt mir – ich habe eine Themenliste in der Schublade, die für die nächsten Jahre reicht. Immerhin stehen derzeit rund 320 Livealben in meinem Plattenregal (Anmerkung: Inzwischen sind es knapp Tausend – Stand 2021!).

In der heutigen ersten Ausgabe dreht sich alles rund um *Cream*, die (so das gängige Etikett) erste Supergroup der Rockgeschichte – drei exzellente Solisten unter einem Hut. Kann das gutgehen, darf man fragen, und in der Rückschau lautet die Antwort: Ja, aber wohl nur eine gewisse Zeit. Immerhin haben es die drei Exzentriker zweieinhalb Jahre miteinander ausgehalten, dabei tolle Platten veröffentlicht und uns so zahlreiche Titel hinterlassen, die zweifellos zu den Perlen der populären Musik der vergangenen gut fünfzig Jahre gehören.

Die drei Musiker, die ab 1966 unter dem selbstbewussten Namen *Cream* zusammenspielten, waren der Bassist *Jack Bruce*, Schlagzeuger *Ginger Baker* und *Eric Clapton* an der Gitarre. Alle drei waren zuvor bereits erfolgreich im Grenzbereich von Rock, Blues und Jazz unterwegs, hatten unter anderem in *Alexis Corner's Blues Incorporated*, der *Graham Bond Organisation* oder *John Mayall's Bluesbreakers* gespielt – alles Schmelztiegel der damaligen Londoner Szene, aus denen sich allmählich die Stars herauskristallisierten – und diese drei gehörten unbedingt dazu!

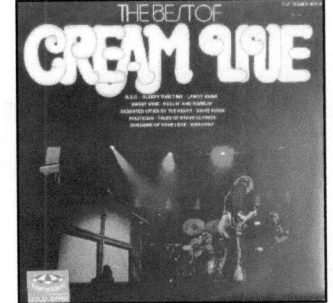

Unser musikalischer Einstieg bleibt auf jeden Fall Teil des kollektiven Musikgedächtnisses der 1960er Jahre – *Cream* mit „Sunshine Of Your Love".

CREAM: Sunshine Of Your Love

Im Dezember 1968 ging die Ära *Cream* dann bereits zu Ende mit mehreren gefeierten Konzerten im New Yorker *Madison Square Garden* sowie der *Royal Albert Hall* London, die zum Glück mitgeschnitten wurden, sodass wir uns heute noch an der ungebändigten Spielfreude der drei exzellenten Virtuosen erfreuen können. Hier aus diesen Abschiedskonzerten ein Stück, das mich seinerzeit schon begeistert hat. Ich war damals 14, hatte erst drei Jahre DDR-Schulenglisch hinter

mir, doch diesen überschaubaren Text konnte ich verstehen und lauthals
mitsingen: *„Drivin' in my car / smoking my cigar / the only time I'm happy when I play my guitar...“* – das unterschreibe ich heute noch!
Der Song trägt einen etwas merkwürdigen Titel: N.S.U. – allerdings hat hier nicht
die alte deutsche Automarke Pate gestanden, sondern eine Geschlechtskrankheit,
die sich *Clapton* seinerzeit eingefangen hatte – *Non Specifical Urethritis* – eine
unspezifische Harnröhrenentzündung, über die sich die Jungs offenbar lustig
machten... nun ja, wer den Schaden hat, braucht bekanntlich für den Spott nicht
zu sorgen. Der Song selbst ist jedenfalls wunderbar fluffig, lässig wiegend, gerade
so als läge man in einer Hängematte...

Cream: N.S.U.

Nur gut zweieinhalb Jahre dauerte also die Bandgeschichte von *Cream*, doch ihre
vielfältigen Langzeitwirkungen auf die Rockmusik reichen bis in die Gegenwart:
Irgendwie muss sich jedes Gitarrentrio seither an *Cream* messen lassen, egal ob da
nun *Jimi Hendrix Experience, Ten Years After, Rory Gallagher* oder *Mountain*
draufstand.
1993 gabs dann den späten Ritterschlag für die Drei, die längst wieder ihre eigenen
Wege gingen: *Cream* wurde in die *Rock and Roll Hall of Fame* aufgenommen und
spielten zu diesem Anlass sogar noch mal drei Stücke gemeinsam, darunter auch
„Sunshine Of Your Love".
Hier nun zwei Titel am Stück, die zu meinen Lieblingstiteln von *Cream* gehören:

Cream: Deserted Cities Of The Heart / White Room

Die meisten *Cream*-Stücke, so sie nicht auf traditionellen Bluesnummern basierten,
waren durchaus komplexe, teils monumentale Kompositionen, vielleicht auch eher
zu verstehen als kompositorischer Rahmen, innerhalb dessen sich die Solisten auf
ihren Instrumenten virtuos austoben konnten. Geradezu exemplarisch zeigt sich
dieses Prinzip in „Sweet Wine", einer Komposition von *Ginger Baker*. Dessen

Vorliebe für jazzige Polyrhythmik gibt ihm
Gelegenheit, sein grandioses Können zu zeigen,
und auch für die ausufernden Soli von *Clapton* und
Bruce bleibt genügend Raum – in den besten
Momenten des Titels gelingt wirklich eine
kongeniale Fusion aller drei Solisten!

Cream: Sweet Wine

Das Aus von *Cream* zum Jahresende 1968 bietet Gelegenheit, den Weg der drei Musiker etwas genauer zu betrachten. Beginnen wir mit dem jüngsten: *Eric Clapton*, geboren am 30. März 1945, ist ja vor kurzem 73 Jahre alt geworden. Vor seinem Einstieg bei *Cream* hatte er bereits 16-jährig bei den *Yardbirds* und den *Bluesbreakers* von *John Mayall* als bluesgeprägter Gitarrist überzeugt. Nach *Cream* folgte dann ein Projekt namens *Derek & The Dominos*, das neben *Clapton* aus ex-Mitgliedern von *Delaney & Bonnie* bestand. 1970 erschien ihre Doppel-LP „Layla"; der Titelsong gehört ja bis heute zu den immer wieder gern gehörten Clapton-Klassikern. Übrigens war auch der *Allman-Brothers*-Gitarrist *Duane Allman* an diesen Aufnahmen beteiligt. Von einer 1971 im *Fillmore East* mitgeschnittenen Konzert-LP von *Delaney & Bonnie & Friends* mit *Eric Clapton* hier dessen Komposition "Presence Of The Lord".

Eric Clapton / Delaney & Bonnie & Friends: Presence Of The Lord

Für *Clapton* war die Zeit nach *Cream* allerdings alles andere als einfach. Dem Stress des frühen Ruhms versuchte er mit zunehmendem Drogenkonsum zu begegnen, was nach einer kräftezehrenden, fünfmonatigen Mammuttournee zum physischen und psychischen Zusammenbruch führte. In der notwendig gewordenen Therapie wurde *Claptons* Heroinsucht zunächst durch Methadon substituiert. Während dieser Zeit war *Clapton* für das Publikum vollkommen von der Bildfläche verschwunden. Als aber sein langjähriger Freund, der ex-Beatle *George Harrison*, im Sommer 1971 daranging, ein großes Benefizkonzert für die rund zehn Millionen Flüchtlinge des Bangladesch-Krieges zu organisieren, war auch Clapton so weit, dass er am 1. August 1971 im New Yorker Madison Square Garden vor einigen zehntausend Besuchern wieder auf der Bühne stehen konnte. Das Programm wurde an diesem Tag sogar zwei Mal gespielt; beim Nachmittags- wie beim Abendkonzert engagierten sich neben *Harrison* und *Clapton* Stars wie *Ravi Shankar, Bob Dylan, Ringo Starr* und *Billy Preston* für das geschundene asiatische Volk. Als Begleitband für alle fungierten *Badfinger*, die Ende der 1960er Jahre als *Beatles*-Zöglinge mit dem von *Lennon/McCartney* geschriebenen „Come And Get It" einen veritablen Hit verbucht hatten und inzwischen eine populäre, gut eingespielte und stilistisch versierte Truppe darstellten. Aus diesem Konzert hier ein *Beatles*-Klassiker aus der Feder von *George Harrison*, bei dessen Aufnahme

seinerzeit bereits *Clapton* die gefühlvolle Melodiegitarre gespielt hatte: „While My Guitar Gently Weeps".

Concert For Bangla Desh:
While My Guitar Gently Weeps

Anderthalb Jahre nach dem Bangla-Desh-Konzert, dessen Mitschnitt von *Harrison* und *Phil Spector* als Dreifach-Vinylalbum mit einem opulenten 64seitigen und reich bebilderten Begleitheft in einem orangefarbenen Karton herausgegeben wurde, ging in London ein All-Star-Konzert über die Bühne, das nicht nur *Eric Clapton* als eines der Zugpferde präsentieren konnte, sondern von diesem sogar maßgeblich organisiert worden war: Das *Rainbow-Concert* vom 31. Januar 1973. Die Idee dazu hatte *Who*-Mastermind *Pete Townshend*, und der Einladung gefolgt waren *Faces*-Gitarrist *Ron Wood*, der später bei den *Rolling Stones* den Platz von *Mick Taylor* einnehmen würde, dazu *Rick Grech* am Bass, der bei *Blind Faith* spielte, *Traffic*-Schlagzeuger *Jim Capaldi* sowie *Steve Winwood*, der als Keyboarder und Sänger mit *Traffic*, der *Spencer-Davis-Group* und *Blind Faith* bekanntgeworden war.

In diesem Konzert coverte *Clapton* auch „Little Wing" des 1970 verstorbenen *Jimi Hendrix*, und diese Version muss sich keineswegs hinter dem Original verstecken!

Eric Clapton: Little Wing

In den 1970er Jahren war *Clapton* dann mit unterschiedlichen Begleitmusikern vielfach live unterwegs; seine Studio-Alben, die in dieser Zeit erschienen, sind nicht alle herausragend, manches wiederholt sich, aber auf jeder Scheibe finden sich natürlich auch tolle Titel, die den Tag überdauert haben. Ganz sicher über „Just One Night" hinaus Bestand hat aber zweifellos das gleichnamige Doppelalbum, das bei einem Konzert in der *Nippon Budōkan Hall* in der japanischen Hauptstadt Tokyo im Dezember 1979 mitgeschnitten wurde. Eigentlich ist die *Budōkan Hall* ja eine Kampfsportarena, die für die Olympischen Sommerspiele 1964 errichtet wurde und rund 14.000 Besucher fasst. Daneben wurde sie aber auch oftmals zum Austragungsort großer Rockereignisse – neben *Clapton* muss natürlich *Bob Dylans* Livealbum „At Budokan" erwähnt werden, ebenso eine Live-LP von *Cheap Trick*, und selbst die *Beatles* waren dort 1966 unter starken Sicherheitsvorkehrungen aufgetreten. *Claptons* dort aufgenommene Doppel-LP „Just One Night" besticht durch ihre Geradlinigkeit; er bespielte die Riesen-Arena mit einer überschaubaren, aber hochkarätigen Band, aus der zumindest *Albert Lee* an Gitarre und Keyboards erwähnt werden soll, der übrigens nicht verwandt ist mit *Alvin Lee* von *Ten Years After*, aber als einflussreicher Studiogitarrist auch live mit vielen Musikern gemeinsam auf der Bühne gestanden hat. Mehrfach wurde er in den USA zum besten Country-Gitarristen des Jahres gewählt.

Das Album – und das ist für Konzertplatten außergewöhnlich – erreicht Spitzenplätze in den internationalen Charts: in den USA erreichte es Platz 2 und in Großbritannien Platz 3!

Daraus jetzt „Tulsa Time", ein Countrysong, geschrieben von *Danny Flowers*, den *Don Williams* 1978 auf Platz 1 der Country-Charts gebracht hatte. Seither ist er vielfach gecovert worden; gleich im Erscheinungsjahr eben auch von *Eric Clapton* auf dessen Studio-LP „Backless".

Eric Clapton: Tulsa Time

Eric Clapton ist ja musikalisch durchaus nicht nur auf den Blues festgelegt, sondern in vielen stilistischen Gefilden unterwegs – neben Country unternimmt er bis heute gern mal Ausflüge in Richtung Reggae, Folk oder Ballade. Bekanntermaßen gilt er ja auch nicht als Flitzefinger, sondern eher als effektvoller Gitarrist, der auch sparsame Töne melodisch gekonnt einsetzt, sodass sie im Ohr bleiben – sein Ehrenname „Slowhand" deutet es an.

1977 machte *Clapton* auf der gleichnamigen LP dem alle Ehre. Das ist bei „Wonderful Tonight", einem der schönsten Titel dieses Albums, quasi in Perfektion zu erleben – und den Song hat er dann im Dezember 1979 auch in der *Budōkan* wunderbar gefühlvoll dargeboten…

Eric Clapton: Wonderful Tonight

Nun zu *Jack Bruce*, dem Bassisten und Sänger von *Cream*, geboren am 14. Mai 1943 in Schottland und 2014 im Alter von 71 Jahren verstorben.

In den 1960ern hat er unter anderem bei bzw. mit *Alexis Corner, Graham Bond, John Mayall* oder *Manfred Mann* gespielt, ehe es 1966 zur Gründung von *Cream* kam.

Nach deren Auflösung bemühte sich *Jack Bruce* mehrfach um die Fortsetzung des in seinen Augen bewährten *Cream*-Konzepts, also einer Trio-Besetzung mit drei gleichberechtigten Solisten. Nicht zuletzt deshalb wurden ja auch *Mountain* spätestens nach ihrem *Woodstock*-Auftritt als legitime *Cream*-Nachfolger gefeiert.

Als es 1972 zur ersten Auflösung von *Mountain* kam, formte *Jack Bruce* aus dem *Mountain*-Gitarristen *Leslie West* (eigtl. *Weinstein*) sowie *Corky Laing* an den Drums das Trio *West, Bruce & Laing*, das trotz seiner Kurzlebigkeit ein paar tolle Platten hinterlassen hat, darunter „Live'n'Kickin" aus dem Jahr 1974.

„Die Combo zerbrach unter innerem Hochdruck und mangelnder musikalischer Kommunikationsbereitschaft ihrer Mitglieder", ist im Rocklexikon von *Schmidt-Joos/Graves* zu lesen – wahrscheinlich kein ganz seltenes Problem bei ausgeprägten Individualisten.

Nach Auflösung von *West, Bruce & Laing* hat Jack Bruce mit zahlreichen Musikern zusammengearbeitet – in der illustren Liste finden sich die Jazzgitarristen *John McLaughlin* und *Larry Coryell,* die Pianistin *Carla Bley, Mick Taylor* von den *Rolling Stones, Robin Trower,* der einst bei *Procol Harum* die Gitarre gespielt hatte, sowie der *Colosseum*-Gitarrist *Clem Clempson* oder die Drummer *Simon Philipps* und *Billy Cobham.* Ein Who-Is-Who des Jazzrock rund um *Jack Bruce!*

Hier nun ein Titel aus dem Livealbum „Live'n'Kickin" von *West, Bruce & Laing*: Ein *Stones*-Cover! „Play With Fire" hatten die *Rolling Stones* 1965 als Single-B-Seite von „The Last Time" sowie auf ihrer Studio-LP „Out Of Our Heads" veröffentlicht – und was *Jack Bruce* und seine Mitstreiter aus der alten Stones-Nummer machen, ist durchaus hörenswert!

West, Bruce & Laing: Play With Fire

Und schließlich noch zum ältesten der einstigen *Cream*-Musiker, dem am 19. August 1939 geborenen Schlagzeuger *Ginger Baker* – in Kürze wird er also 79 Jahre alt! (Anmerkung: *Ginger Baker* ist kurz nach seinem 80. Geburtstag am 6. Oktober 2019 verstorben).

Baker gilt als ausgesprochener Individualist mit anarchischen, mitunter auch psychotischen Zügen, der diverse Drogenexzesse und vier Ehen hinter sich gebracht hat und heute in Südafrika lebt. *Jay Bulgars* biografische Dokumentation „Beware Of Mr. Baker" („Warnung vor Mr. Baker") von 2012 – kürzlich auf *Arte* zu sehen – zeichnet ein sehr offenes Porträt des Musikers, der selbst dem Regisseur während der Dreharbeiten schon mal Prügel anbot. Seine ersten Meriten erarbeitete sich *Ginger Baker* zu Beginn der 1960er Jahre in der britischen Bluesszene um *John Mayall.* Nach *Cream* folgten dann zahllose musikalische Projekte, die zumeist kurzlebiger Natur waren, aber von seiner ungebrochenen, mitunter jedoch sprunghaften Kreativität zeugten – ich erwähne nur *Ginger Baker's Air Force,* seine Zusammenarbeit mit afrikanischen Musikern oder die *Baker-Gurvitz-Army,* die er 1974 gemeinsam mit ehemaligen Musikern der Hardrock-Combo *Gun* aus der Taufe hob.

Ich habe einen Titel der *Air Force* ausgewählt, jener lockeren Assoziation, zu der zeitweise Musiker wie der Gitarrist *Danny Laine* (eigtl. *Brian Hines,* ex *Moody Blues,* später auch bei *Paul McCartneys Wings*), *Steve Winwood* an Keyboards, Gitarre und

Gesang, der zuvor in der *Spencer Davis Group* und bei *Traffic* gespielt hatte, *Chris Wood* (Flöte und Tenorsaxofon, ebenfalls *Traffic*), der Saxofonist *Graham Bond*, der in den 1960ern mit der *GBO* (*Graham Bond Organisation*) eine erfolgreiche Bluesrock-Bigband unterhielt, sowie der *Blind Faith*-Bassist *Rick Grech* gehörten. Als Schlagzeuger und Perkussionist wirkte der Nigerianer *Remi Kabaka* mit, der später unter anderem mit *Steve Winwood* gearbeitet hat und 1977 festes Mitglied der Afrorockband *Osibisa* wurde. Er ist (neben *Teddy Osai*, Saxofon/Gesang) auch Mitkomponist des Titels „Aiko Biaye", der bereits auf der 1971 erschienen Debüt-LP von *Osibisa* erschienen war – das Stück hatte übrigens auch die *Klaus-Renft-Combo* in der DDR im Konzertrepertoire!
Hier aber die mitreißende Liveversion von *Ginger Baker's Air Force* – „Aiko Biaye"!

Ginger Baker's Airforce: Aiko Biaye

Tja, natürlich hat die Zeit nicht annähernd ausgereicht, um dem Werk von *Cream* sowie den Folgeprojekten ihrer Mitglieder gerecht zu werden. Aber ich denke, ein stimmiger Gesamteindruck sollte doch entstanden sein.
Den Schlusspunkt für heute setzen noch einmal *West, Bruce & Laing* mit einem echten *Cream*-Klassiker: „Politician".

West, Bruce & Laing: Politician

Die nächste Sendung der LiveRillen dreht sich um „Dylan – (fast) ohne Bob" – dann reden wir über Coversongs des Meisters in Liveaufnahmen von *Joan Baez* und den *Byrds* bis zu den *Rolling Stones* und der halleschen *M.-Jones-Band*, alles natürlich direkt von Vinyl – ich freue mich drauf – bis dahin!

Quellen:

- ➤ Ginger Baker's Airforce: o. T., Do.-LP, Polydor, 1970
- ➤ The Concert For Bangla Desh, 3-LP-Set, Apple, 1972
- ➤ Eric Clapton: Eric Clapton's Rainbow Concert, LP, RSO, 1973
- ➤ Eric Clapton: Just One Night, Do.-LP, RSO, 1980
- ➤ Cream: Live In Detroit '67, Do.-LP, London Calling, 2018
- ➤ Cream: Steppin' Out, LP, Swingin' Pig Records, 1990
- ➤ Cream: The Best Of Cream Live, Do.-LP, Karussell, 1972
- ➤ Delaney & Bonnie & Friends: On Tour With Eric Clapton, LP, Atlantic, 1970/74
- ➤ West, Bruce & Laing: Live'n'Kickin', LP, RSO, 1974

No. 02:   DYLAN – (fast) ohne Bob

Mai 2018

Auf geht's zur zweiten LiveRillen-Sendung, und wie angekündigt lautet das Motto heute: „Dylan ohne Bob" – besser gesagt: *fast* ohne Bob! Ich habe dafür diverse Dylan-Cover aus Konzerten eines halben Jahrhunderts Rockgeschichte ausgewählt – allesamt diverse Verbeugungen von Kolleginnen und Kollegen vor dem Meister. Am Anfang der Sendung soll er aber selbst zu hören sein – jener Robert Allen Zimmerman, der im vergangenen Jahr als erster Songwriter überhaupt den Literatur-Nobelpreis abräumte – und der vor wenigen Tagen in der ARENA Leipzig gastierte. Ein tolles Konzert, und ich war dabei!

„Keines Musikers Songs sind so oft und so unterschiedlich gecovert worden wie eben seine – nicht zuletzt von ihm selbst" – so war es danach in der *Mitteldeutschen Zeitung* zu lesen. Und tatsächlich wurde es auch diesmal eine knifflige Aufgabe, die Originale in den jazzigen Arrangements der Band zu erkennen.

Auf geht's also mit *dem* Dylan-Titel schlechthin: „Blowin' In The Wind", der uns in dieser Sendung noch einmal begegnen wird. Hier spielt ihn *Dylan* selbst mit seinem alten Kumpel *Tom Petty* – leider im Vorjahr verstorben – und den *Heartbreakers* bei einem Radiokonzert im Jahr 1986 – eine zugegeben etwas ungewöhnliche Fassung seines eigenen Klassikers…

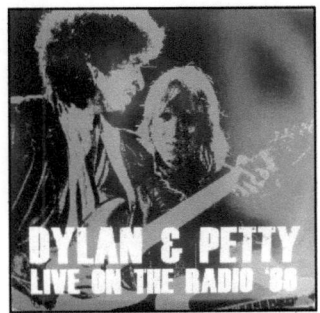

Dylan & Petty: Blowin' In The Wind

Beim Thema „DYLAN (fast) ohne Bob" will ich mich heute aber tatsächlich weniger dem Meister selbst, der in wenigen Tagen seinen 77. Geburtstag feiert, als vielmehr jenen Musikern widmen, die sich über die Jahre immer wieder live an seinen Songs versucht haben – und das zumeist mit Erfolg.

Chronologisch beginnen wir in den 1960er Jahren. Da hat der junge Bob, der sich in Verehrung des walisischen Trinker-Poeten Dylan Thomas sein Pseudonym zulegte, schon ein komplettes Werk an Protestsongs vorgelegt, von dem die Friedensbewegten der Welt noch heute zehren. Vor allem die Folkszene jener Jahre nahm das begeistert auf. *Peter, Paul & Mary* gehörten seit 1960 dazu. Das Folk-Trio schaffte den Spagat zwischen professioneller Interpretation und glaubwürdigem Engagement und machte Songs mit sozialkritischem Inhalt breitenwirksam populär – so auch immer wieder gern Titel des jungen *Bob Dylan*. Ich empfehle dazu den Mitschnitt eines Konzertes von *Peter, Paul & Mary* aus dem

Jahr 1963 mit Dylans „The Times They Are A Changin'" – bis heute die Hymne aller Weltveränderer.

Peter, Paul & Mary: The Times They Are A Changin'

Bevor wir noch ein Stück des New Yorker Trios hören, rasch zum 1919 geborenen *Pete Seeger*, neben *Woody Guthrie* sicher die wichtigste Folk-Stimme seiner Generation. *Pete Seeger* spielte im Juni 1963 einen ganz frischen, hoch aktuellen Titel des jungen Songwriters *Bob Dylan* bei einem Konzert in der New Yorker Carnegie Hall: „Who Killed Davey Moore?" Inhaltlich bezogen auf den Tod des afroamerikanischen Federgewichts-Boxweltmeisters *Davey Moore*, der

wenige Wochen zuvor an den Folgen eines Kampfes verstorben war – danach wollte niemand schuld gewesen sein.

Hier ist der 2014 im 95. Lebensjahr verstorbene *Pete Seeger* in einer Aufnahme aus dem Jahr 1963!

Pete Seeger: Who Killed Davey Moore

Dieser Song von *Bob Dylan* regte übrigens einige Jahre später einen jungen Philosophie-Studenten in Ostberlin zu einem Lied für den 1967 bei den Anti-Schah-Demonstrationen in Westberlin erschossenen Studenten Benno Ohnesorg an – *Hartmut König* hieß der Jungstar des *Oktoberklubs*, sein Lied trug den Titel „Wie starb Benno Ohnesorg". Allerdings wird auf dem DDR-Plattencover verschwiegen, dass *Bob Dylan* dafür Pate stand...

Zurück zu *Peter, Paul & Mary*, deren Popularität Mitte der 1960er Jahre ihren Höhepunkt erlebte – dann wurde auch die Folk-Musik elektrischer, wie wir noch hören werden, und trotz diverser Comeback-Versuche bis in die späten 1970er Jahre hinein werden sie uns wohl in Erinnerung bleiben in der puren Folk-Stilistik: Hier sind *Peter, Paul & Mary* mit *Bob Dylans* Klassiker „Blowin' In The Wind"... Interessant übrigens, dass *Mary Travers* in ihrer Ansage den Song als „The 9 Questions" – die neun Fragen also – vorstellt.

Peter, Paul & Mary: Blowin' In The Wind

Zugegeben, diese Version klang doch etwas anders als vorhin beim Meister selbst im Duett mit *Tom Petty* und begleitet von den *Heartbreakers*.

Jetzt soll eine Stimme erklingen, die seit mehr als einem halben Jahrhundert weltweit Gänsehaut erzeugt: *Joan Baez*.

Derzeit gerade auf ihrer definitiven Abschiedstour, war die junge Sängerin in den 1960ern die Frau an Dylans Seite. Das war nicht unproblematisch, denn anders als Dylan selbst stand sie auch abseits der Bühne zu den Inhalten ihrer Lieder, marschierte bei Protest-Demos mit, wurde verhaftet und verurteilt und blieb bis heute ihrer linken Überzeugung treu. Und – sie machte Dylans Songs in ihren umjubelten Konzerten populär, als dieser längst noch kein Star war!

In der heutigen LiveRillen-Sendung werden wir Dylan-Interpretationen aus verschiedenen *Joan-Baez*-Konzerten hören – hier zunächst aus ihrer Doppel-LP „Live In Italy" mit Aufnahmen aus dem Jahr 1969 ihre Fassung des *Dylan*-Titels „It's All Over Now Baby Blue"…

Joan Baez: It's All Over Now, Baby Blue

Und wir bleiben zunächst noch in den 1960er Jahren – eine Band, die ohne ihre Dylan-Songs wohl kaum so populär geworden wäre, sind die *Byrds*. In keiner Oldie-Hitparade darf ihr „Mr. Tambourine Man" fehlen. Sie waren es auch, die als erste den Folk auf elektrisch verstärkten Instrumenten mit der Rockmusik versöhnten. Im Zentrum der Band *Jim „Roger" McGuinn* mit seiner 12-Saiter-Gitarre – ihm zur Seite unter anderem *David Crosby, Michael Clarke* und *Chris Hillman* – nach späteren Umbesetzungen auch *Gram Parsons* oder *Clarence White* – selbst in den 1980er Jahren gab es noch eine *Byrds*-Besetzung, die noch immer so klang wie man es aus ihrer frühen Zeit gewohnt war. Hier nun die *Byrds* live im Jahr 1970 mit dem *Bob-Dylan*-Titel „Positively 4th Street", den Musikexperten innerhalb des *Dylan*-Songbooks von seiner Wertigkeit her übrigens ganz weit oben platzieren. Immerhin wurde die *Dylan*-Komposition aus dem Jahr 1965 unter anderem auch von *Johnny Rivers, Brian Ferry, Jerry Garcia* und – man höre und staune – sogar den *Beatles* gecovert!

Byrds: Positively 4th Street

Bevor wir die 1960er Jahre verlassen, ändert sich der Musikstil der Dylan-Coversongs nun aber hörbar – ich fahre einfach mal ab, was da auf dem Plattenteller liegt...

Jimi Hendrix: All Along The Watchtower

Nun, das Rätsel hat sich sicher schnell gelöst: Ganz klar – *Jimi Hendrix* mit „All Along The Watchtower" – aufgenommen 1970 beim *Isle-of-Wight-Festival* – Dylan hat diese Interpretation als gültig bezeichnet und den treibenden Rhythmus dann sogar für seine eigene Spielweise des Stückes übernommen!

Das war aber nicht der einzige *Dylan*-Titel im Repertoire des in allen einschlägigen Rankings nach wie vor auf Platz 1 der weltbesten Gitarristen rangierenden *Jimi Hendrix*, der nur wenige Wochen nach der

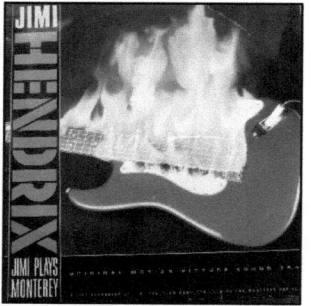

Isle of Wight dem „Club der 27" beitreten sollte. Schon 1967 hatte Hendrix – damals noch mit seiner *Experience*-Besatzung mit *Noel Redding* am Bass und *Mitch Mitchell* am Schlagzeug – beim Festival in *Monterey* diesen *Dylan*-Song mit seiner Stratocaster durch die Marshall-Boxen gejagt: „Like A Rolling Stone".

Jimi Hendrix: Like A Rolling Stone

Auch diesem Stück werden wir in dieser LiveRillen-Ausgabe noch einmal in einer

weiteren Cover-Version begegnen.

Nach dem Gitarren-Gott nun *die* weiße Rock-Stimme jener Zeit schlechthin: *Joe Cocker*. Hier seine Interpretation von *Dylans* „Dear Landlord" – ein satirischer Brief an einen Vermieter und Halsabschneider, aufgenommen live in den frühen 1970er Jahren.

Joe Cocker: Dear Landlord

Der 1944 in Sheffield geborene *John Robert „Joe" Cocker*, gelernter Gasinstallateur, hat ja, wenn man so will, ausschließlich *gecovert*, aber der Begriff wird seiner Interpretation eigentlich nicht gerecht: *Cocker* packt die fremden Stücke so intensiv an, dass sie ganz seine eigenen werden.

Weiter geht's in dieser Sendung rund um *Bob Dylan* mit der Band, die sich schlicht genau so nannte und die mit Dylan viel mehr verbindet als nur ein paar nachgespielte Songs: *The Band*. *Robbie Robertson, Levon Helm, Rick Danko*, um nur einige zu nennen – sie haben Dylan jahrelang im Studio und auf Tour begleitet, 1974 gemeinsam ein tolles Livealbum eingespielt – und mindestens einen Titel haben sie auch gemeinsam geschrieben: Bassist *Rick Danko* die Musik, und *Bob Dylan* hat sich einen Reim drauf gemacht: „This Wheels on Fire" heißt das Stück, hier vom Livealbum „Rock Of Ages", das *The Band* 1972 aufgenommen haben.

The Band: This Wheel's On Fire

Nun noch einmal zurück zu *Joan Baez*. Neben den gesellschaftskritischen Songs ihres Lebensabschnittsgefährten hat sie sich auch ganz gern seiner bittersüßen Liebes- und Lebenslieder angenommen, wobei sie selbst sicher am besten wusste, in welchen Textzeilen eine Anspielung auf ihr eigenes schwieriges Verhältnis zueinander versteckt war. Ich habe vom wunderbaren Doppelalbum „From Every Stage", das 1976 erschienen ist, zwei *Dylan*-Songs in der Interpretation von *Joan Baez* ausgewählt – an den Gitarren *Dan Ferguson* und *Larry Carlton*.

Joan Baez: Love Is Just A Four-Letter Word / Forever Young

Es folgt ein harter Kontrast – von der theatralen Konzertbühne geht's rein in den rauchigen Pub: Im Juli 1975 gaben im Londoner *100club* die *Ducks Deluxe* ihr Abschiedskonzert… Ducks – wer? Tja, das war eine der zahlreichen Pubrock-Bands, die in der britischen Clubszene das aktuelle Rockrepertoire rauf und runter coverten, in Alkohol gebadet und mit Zigarettenqualm geschwängert. Fans der Band haben dieses letzte Konzert mitgeschnitten und tatsächlich auf einem Livealbum veröffentlicht, das man besser nicht nach musikästhetischen Maßstäben messen sollte, sondern an seiner Authentizität: Hier steht man sozusagen mittendrin im Publikum und schwitzt mit. Natürlich haben *Ducks Deluxe* neben den *Rolling Stones, Creedence Clearwater Revival* oder *Chuck Berry* auch

Bob Dylan gecovert – hier sind sie mit „Mighty Quinn", und ich verspreche, von dem Stück gleich noch eine andere Version zu spielen…

Ducks Deluxe: Mighty Quinn

„Mighty Quinn" – der Titel hat ja eine durchaus merkwürdige Geschichte. *Dylan* schrieb ihn 1967, erstveröffentlicht wurde er aber von *Manfred Mann* und seiner Band im folgenden Jahr – und ein echter Hit für die Band. *Dylan* selbst brachte ihn erst 1970 auf der LP „Selfportrait" heraus – dort trägt er in Klammern den Zusatz „Quinn The Eskimo". Der Text ist (wie oft bei *Dylan*) vieldeutig; wer eine stimmige Interpretation kennt, der lasse es mich gern wissen. Gleichwohl gehört „Mighty Quinn" zu den oft und gern gecoverten Titeln von *Dylan*, und *Manfred Mann* hat ihn – eingedenk des frühen Erfolges – auch in seiner *Earth Band* nach wie vor im

Repertoire. Hier ist die Live-Version von *Manfred Mann's Earth Band* aus ihrem Budapester Konzert im Jahr 1983.

Manfred Mann's Earth Band: Mighty Quinn

Nun zu *Don McLean*, Jahrgang 1945. Der Singer/Songwriter wurde um 1970 herum als legitimer Weggenosse *Bob Dylans* gehandelt. Nicht zuletzt war das seiner fast neunminütigen Bestandsaufnahme der 1960er Jahre „American Pie" zu verdanken; ein Abgesang auf den *American Dream Of Life*, der wohl später auch *Heinz Rudolf Kunze* zu seiner „Bestandsaufnahme" inspiriert hat. Doch zurück zu *Bob Dylan* – und zu *Don McLean*. Als der nach fünf teils aufwendig produzierten Alben, die nach seinem

frühen Überhit aber kaum Erfolg brachten, Mitte der 1970er Jahre auf eine ausgedehnte Solotournee ging, da hatte er auch einen *Dylan*-Titel im Programm, den er zum scheppernden Banjo interpretierte – eine durchaus interessante Version: Hier ist *Don McLean* mit *Bob Dylans* „Masters Of War".

Don McLean: Masters Of War

„Masters Of War" ist zweifellos eines der wichtigsten Anti-Kriegs-Lieder Dylans mit ungewohnt klarer Aussage, geschrieben zu Zeiten des Vietnam-Krieges der USA. Den Titel hören wir nach *Don McLean* nun gleich noch einmal – verbunden mit einem Sprung ins Jahr 1984: die Friedensbewegung weltweit auf dem Höhepunkt der Proteste gegen nukleare Hochrüstung in Ost und West! In der DDR organisiert die FDJ die Konzertreihe „Rock für den Frieden" – und da dürfen die Ostbands sogar ganz offiziell Westtitel spielen, wenn sie denn inhaltlich ins friedensbewegte Profil passen.

1984 war auch die hallesche *M.-Jones-Band* dabei, unter anderem mit meinem Freund und Musikerkollegen *Sander Lueken* an den Keyboards, und auf der AMIGA-LP „Rock für den Frieden" findet sich der Mitschnitt ihrer Interpretation von *Bob Dylans* „Masters Of War" – die Herren des Krieges – der deutsche Text stammt von *Werner Karma*.

M.-Jones-Band: Masters Of War

Nun zu *Dave Mason*: genialer Songschreiber, Gitarrist und Sänger, der es nie lange in einer Band aushielt, aber schon durch sein vielfach gecovertes „Feelin' Alright" einen Platz in der Ruhmeshalle des Rock sicher hat (man denke nur an die grandiose Version von *Joe Cocker*). Zudem war er unter anderem an Projekten von *George Harrison, Steve Winwood, Stevie Wonder* oder *Graham Nash* beteiligt

Auf seinem eigenen tollen Doppelalbum „Certified Live" von 1976, eingespielt unter anderem mit dem 1993 verstorbenen Gitarristen *Jim Krueger* und *Mike Finnigan* an den Tasten, findet sich eine wunderbar runde, fast folkige Version von *Dylans* „All Along The Watchtower", das wir vorhin bereits von *Jimi Hendrix* gehört haben – hier ist die Live-Version von *Dave Mason*.

Dave Mason: All Along The Watchtower

„All Along The Watchtower" – *Bob Dylans* mit Bibelzitaten und düsteren Gleichnissen gespickter Song in der Interpretation von *Dave Mason*. Und auch den folgenden Dylan-Titel haben wir in dieser LiveRillen-Sendung bereits von *Jimi*

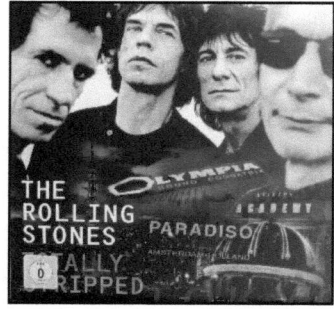

Hendrix gehört – „Like A Rolling Stone".
Obwohl die gleichnamige Band der Herren
Jagger, Richards, Wyman, Wood und *Watts* damit
keineswegs gemeint war, musste es irgendwann
dazu kommen, dass auch sie ihn spielen, und wie
– hier sind die *Rolling Stones* auf ihrem Live-
Album „Totally Stripped" (schon ohne *Bill
Wyman*) aus dem Jahr 1995 mit einer wirklich
tollen Fassung von *Bob Dylans* Klassiker „Like A
Rolling Stone".

Rolling Stones: Like A Rolling Stone

Tja, hier singen die *Stones* über sich selbst – könnte man meinen, wenn man es
nicht besser wüsste. Und wieder ein Soundwechsel bei den heutigen LiveRillen:
Die *Steve Gibbons Band* hat 1977 ihr Livealbum „Caught In The Act" veröffentlicht,
das der 1941 geborene britische Rocksänger unter anderem mit dem Ex-Move-
Gitarristen *Trevor Burton* am Bass und dem Jazzgitarristen *Bob Wilson* eingespielt

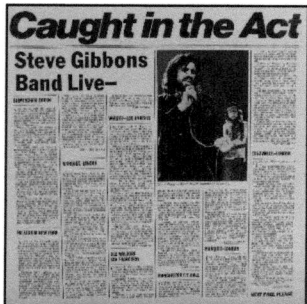

hat. Nicht von ungefähr wird das Konzert eröffnet
durch einen Dylan-Song: „Watching The River
Flow" – von *Bob Dylan* 1971 eingespielt und als
Single veröffentlicht – produziert übrigens
seinerzeit von *Leon Russell*. Und hier die
hörenswerte Version der *Steve Gibbons Band*.

Steve Gibbons: Watching The River Flow

Steve Gibbons' Verbeugung vor *Bob Dylan* ging
später so weit, dass er seit rund zwanzig Jahren mit seinem „Dylan-Project"
ausschließlich Songs des Meisters interpretiert! Übrigens war *Steve Gibbons* der erste
westliche Rocker, der 1981 in der DDR eine Tour machen durfte. Genau das blieb
dem folgenden Künstler verwehrt, obwohl doch alles klar zu sein schien: *Wolfgang
Niedecken* und *BAP* waren schon vor Ort in

Ostberlin – und spielten dann doch nicht – aber
das ist wieder eine andere Geschichte. *Niedecken* als
bekennender *Dylan*-Fan hat natürlich eingekölschte
Songs seines Idols stets im Repertoire – hier ist *Bob
Dylans* bitteres Liebeslied „One Too Many
Mornings" von 1964 auf Kölsch: „Su'ne Morje"
von der BAP-Live-Platte „Bess Demnähx" aus
dem Jahr 1983.

BAP: Su'ne Morje

Das Ende dieser LiveRillen-Sendung naht unausweichlich, aber ein *Dylan*-Song, der an jedem Lagerfeuer zur Gitarre erklingt, der fehlt noch bei „Dylan fast ohne Bob" – genau: „Knockin' On Heavens Door". Aus den zahllosen Coverversionen (meist mehr schlecht als recht…) ausgewählt habe ich die Livefassung von *Eric*

Clapton, aufgenommen beim legendären *Budokan*-Konzert des Ausnahmegitarristen im Dezember 1979, die natürlich über jeden Zweifel erhaben ist. Das wars dann auch für dieses Mal – bei der nächsten Sendung im Juni wird es um Bluesrock gehen, unter anderem mit Liveaufnahmen von *Alvin Lee* mit *Ten Years After, Rory Gallagher, John Mayall, Rick Derringer* und *Johnny Winter*.

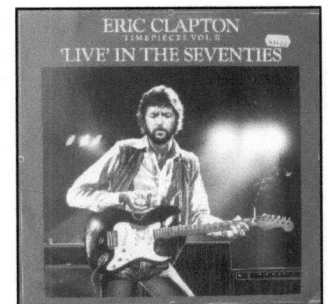

Eric Clapton: Knocking On Heavens Door

Quellen:

➢ Joan Baez: Live In Italy, Do.-LP, Electrola, 1970
➢ Joan Baez: From Every Stage, Do.-LP, A&M, 1976
➢ The Band: Rock Of Ages, Do.-LP, Capitol, 1972
➢ BAP: Live – bess demnähx, Do.-LP, Musikant, 1983
➢ The Byrds: (Untitled), Do.-LP, Columbia, 1970
➢ Eric Clapton: Live In The Seventies, LP, RSO, 1980
➢ Joe Cocker: Space Captain, Live In Concert, LP, Cube Records, 1982
➢ Ducks Deluxe: Last Night Of A Pub Rock Band, LP, Blue Moon, 1979
➢ Dylan & Petty: Live On The Radio '86, Do.-LP, ROXVOX, 2015
➢ Steve Gibbons Band: Live – Caught In The Act, LP, Polydor, 1977
➢ Jimi Hendrix: Jimi Plays Monterey 1967, LP, Polydor, 1986
➢ Jimi Hendrix: Isle Of Wight, LP, Polydor, 1971
➢ Manfred Mann's Earth Band: Budapest Live, LP, Bronze Records, 1983
➢ Dave Mason: Certified Live, Do.-LP, CBS, 1976
➢ Don McLean: Solo, Do.-LP, United Artists, 1976
➢ Peter, Paul & Mary: In Concert, Do.-LP, Warner, 1964
➢ Rock für den Frieden! Live '84, LP, AMIGA, 1984
➢ The Rolling Stones: Totally Stripped (1995), Do.-LP, Promotone, 2016
➢ Pete Seeger: Live Concert, LP, CBS, 1967

No. 03: Bluesrock vom Feinsten

Juni 2018

Heute lautet das Motto: Bluesrock vom Feinsten! Ein Musikstil also, der ganz gegensätzliche Reaktionen hervorruft: Die einen fühlen sich gelangweilt vom angeblich immer gleichen 12-Takt-Blues-Schema, und die anderen sind gerade von dieser unerschöpflichen Energie, der zeitlosen Kraft und Urwüchsigkeit fasziniert! Ich persönlich gestehe, zu Letzteren zu gehören, zumal schon durch die jeweilige Spielweise der Protagonisten eine große Vielfalt entsteht, was auch die heutige Sendung mit ihren ausgewählten Liveaufnahmen sicher zeigen wird.

Und da geht's zunächst ganz tief in die Mottenkiste der populären Musik, ohne dass ich nun die Bluesgeschichte in Gänze aufrollen könnte. Aber dieser schwarze Musiker ist nicht wegzudenken als Wegbereiter für das, was seit den 1960er Jahren dann als Bluesrock firmiert. Musiker wie *Keith Richards, John Mayall* oder auch *Eric Clapton* sind vor dieser Gitarre ehrfürchtig niedergekniet, auch wenn die wenigen erhaltenen Aufnahmen bereits Jahrzehnte zuvor entstanden waren – die Rede ist von *Robert Johnson*, dem 1911 im US-Staat Mississippi geborenen Gitarristen, Sänger und Komponisten, der nach nur 27 Jahren verstarb – Giftmord? Syphilis? Todesursache offen – die Legenden ranken.

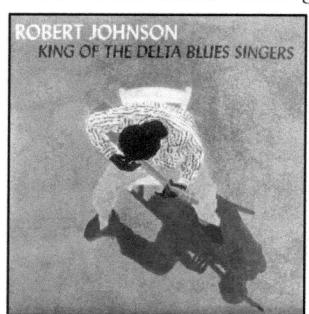

Dazu gleich mehr – hier ist *Robert Johnson*, der King des schwarzen Delta-Blues, mit seiner Komposition „Love In Vain" – ein ziemlich bitteres Liebeslied, live eingespielt bei einer Aufnahmesession im Jahr 1937.

Robert Johnson: Love In Vain

Robert Johnson – an ihm ist wohl keiner der später und bis heute dem Blues verfallenen Musiker vorbeigekommen. Legenden ranken sich ja nicht nur um seinen frühen Tod, sondern auch um das Gitarrenspiel selbst: Ein Pakt mit dem Teufel soll ihm zu seiner Fingerfertigkeit verholfen haben. Von selbiger war auch *Keith Richards*, der Stones-Gitarrist, so angetan, dass er sich wohl bei *Robert Johnson* einige seiner einprägsamen Licks und Riffs abgehört hat – nicht von ungefähr haben die Stones „Love In Vain" auf ihrer LP „Let It Bleed" gecovert und auf der 1970er Live-LP „Get Yer Ya-Ya's Out" noch einmal veröffentlicht – und wir korrigieren die Credits dieser Platte: Da steht nämlich der Song als „Traditional" verzeichnet, was definitiv nicht stimmt – diese Ehre gebührt *Robert Johnson*!

Von ihm gleich zu einem weiteren der ganz großen schwarzen Blues-Interpreten der älteren Generation: *John Lee Hooker*, 1917 geboren – wahrscheinlich zumindest, so genau wusste er es offenbar selbst nicht – und 2001 verstorben. Sein Einfluss auf die weiße Blues-Szene der 1960er und 70er Jahre ist gleichermaßen als Gitarrist, Sänger und Komponist bedeutsam; mit vielen hat er zusammengespielt, darunter *Steve Miller, Carlos Santana, Pete Townshend, Robert Cray* oder auch *Canned Heat.* Mit letzteren entstand 1971 die Liveplatte „Hooker n' Heat" – ein klassisches Bluesalbum – wir hören „Tease Me Baby" – *John Lee Hooker* mit *Canned Heat* um *Bob Hite*, der den Gast hier zunächst ansagt…

John Lee Hooker / Canned Heat: Tease Me Baby

Und damit mitten rein in das Blues-Revival der 1960er Jahre, getragen nun von vornehmlich weißen Männern und verbunden mit Namen wie *John Mayall, Alexis Korner, Bob Hite* (grade gehört mit *Canned Heat)* und *Allan Wilson* oder *Edgar und Johnny Winter.* Insbesondere *John Mayall's Bluesbreakers* galten im London der frühen 1960er als Schmelztiegel für musikalische Talente – auch *Eric Clapton, Jack Bruce, Peter Green* oder *Mick Taylor* waren bekanntlich mal darunter. Die Rolle des Entdeckers ist für *John Mayall* über die Jahrzehnte sicher bedeutender als die eines doch eher durchschnittlichen Gitarristen. Einige seiner Kompositionen gehören aber doch zum Standardrepertoire diverser Bluesbands – dieses Stück gehört fraglos dazu: „Room To Move" (vielleicht habt ihr ja auch ein bisschen Platz, um euch dazu zu bewegen). Die Aufnahme entstand übrigens 1987 bei einer Tour durch die Bundesrepublik, unter anderem mit *Walter Trout* an der Leadgitarre, der auch schon bei *Canned Heat* gespielt hatte.

John Mayall's Bluesbrakers: Room To Move

John Mayall und „Room To Move" – im Herbst wird der „Weiße König des schwarzen Blues", wie einer seiner Werbeslogans lautete, 85 Jahre alt und er ist immer noch regelmäßig auf der Bühne zu erleben. Man kann also mit dem Blues durchaus länger leben als es *Robert Johnson* vergönnt war.
Nun ein Sprung über den großen Teich…
Knappe zehn Jahre jünger als *John Mayall* war *Johnny Winter*, der 2014 mit 70 Jahren verstorben ist. Der fast blinde Albino mit den langen schlohweißen Haaren

überzeugte schon früh in der Chicagoer Blues-Szene als versierter Gitarrist. 1970 hatte er sich mit den ehemaligen *McCoys* um *Rick Derringer* zusammengetan, die durchaus mehr draufhatten als ihr etwas stupider Gassenhauer „Hang On Sloopy" vermuten ließ.

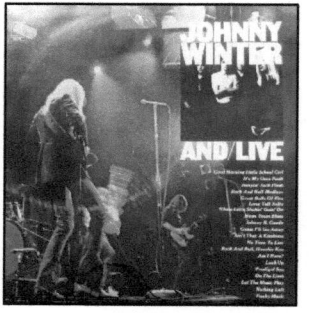

Gemeinsam spielten sie 1971 ein tolles Konzert im legendären *Fillmore East*, dem New Yorker Musiktempel des deutschstämmigen Impresarios *Billy Graham*.
Von dem dort aufgenommenen Doppelalbum hier *Johnny Winters* „Mean Town Blues".

Johnny Winter: Mean Town Blues

Ein Jahr zuvor hatte *Johnny Winter* bereits das Publikum des *Atlanta Pop Festivals* zu Begeisterungsstürmen hingerissen. In Atlanta war Bluesrock eindeutig die dominierende Musikrichtung. Mit dabei seinerzeit die *Allman Brothers Band* – hier ist ihr „Statesborough Blues" – arrangiert von keinem Geringerem als dem schwarzen Country-Blueser *Taj Mahal*, der ebenfalls zu den von *Robert Johnson* geprägten Musikern gehörte – wunderbar zu hören, seine slide gespielte Bluesgitarre in dieser Aufnahme aus dem Jahr 1970.

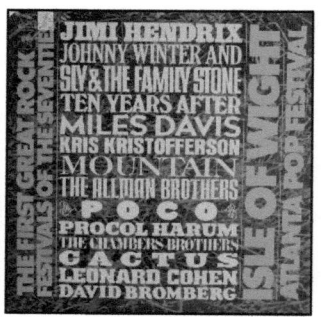

Allman Brothers Band: Statesborough Blues

Und gleich noch ein Stück der *Allman Brothers Band* mit dem fantastischen Gitarrenduo *Dicky Betts* und *Duane Allman*: Der „Stormy Monday Blues" von *T. Bone Walker*, diesmal aufgenommen 1971 im bereits erwähnten *Fillmore East*, dem wohl angesagtesten Musiktempel jener Zeit an der Ostküste der USA, dem ich irgendwann mal eine eigene LiveRillen-Sendung widmen werde…

Allman Brothers Band: Stormy Monday Blues

Nach den *Allman Brothers* noch einmal zurück zum *Atlanta Pop Festival*. Mit dabei war 1970 auch die Bluesrock-Combo *Mountain* um den Gitarristen *Leslie West* mit *Laurance „Corky" Laing* am Schlagzeug, dem Keyboarder *Steve Knight* und *Felix Pappalardi* am Bass, die zeitweise als Nachfolger der Supergroup *Cream* gehandelt wurden

(*Pappalardi* hatte zuvor mehrere *Cream*-Alben produziert und ist Mitautor des *Cream*-Hits „Strange Brew"). Und auch sie haben sich erfolgreich an *T. Bone Walkers* Nummer versucht – hier ist ihre knapp 20 Minuten lange Version des „Stormy Monday Blues".

Mountain: Stormy Monday Blues

Von *Mountain* und ihrem kraftvollen Bluesrock ist es gar nicht weit zu einer Band mit dem merkwürdigen Namen *Blue Öyster Cult* – der blaue Austern-Kult, 1971 in New York gegründet. Von Kritikern und Publikum gleichermaßen hochgeschätzt, spielte die Band eine ganze Reihe vorzüglicher Bluesrock-Alben ein – Single-Hits waren dagegen nicht so ihr Metier, einzige Ausnahme vielleicht „Don't Fear The Reaper" aus dem Jahr 1976. Vor allem live waren *Blue Öyster Cult* eine Wucht. 1981 spielten sie gemeinsam mit dem ex-Gitarristen der *Doors*, *Robbie Krieger*, ein Konzert im *Country Club Reseda* in Kalifornien. Mitgeschnitten wurde dabei diese tolle Fassung des „Roadhouse Blues" der *Doors* – *Blue Öyster Cult* mit *Robbie Krieger* als Gast an der Gitarre.

Blue Öyster Cult: Roadhouse Blues

Übrigens war *Robbie Krieger* 1988 auch bei der legendären „Night Of The Guitar"-Tour dabei neben *Leslie West, Ted Turner, Andy Powell, Pete Haycock* oder *Alvin Lee* – an diese fantastischen Konzerte werde ich in der Novembersendung anlässlich ihres 30jährigen Jubiläums ausführlich erinnern (siehe S. 60ff).

Apropos *Alvin Lee*: seine 1967 in Nottingham gegründeten *Ten Years After* gelten – so das Zitat des Rocklexikons von *Siegfried Schmidt-Joos* – als „die beständigste und erfolgreichste Band des britischen Blues-Revival". Schon 1969 standen sie in *Woodstock* auf der Bühne, ebenso 1970 beim *Atlanta Pop Festival*. Ich spiele jetzt eine Aufnahme von ihrer Deutschland-Tour im Jahr 1972, aufgenommen in Frankfurt am Main: „Slow Blues In C" – der langsame Blues in C-Dur, den *Alvin Lee* allerdings mit einem Kabinettstückchen auf seiner Klampfe einleitet, das er schlicht „Silly Thing" nennt...

Ten Years After: Slow Blues In C

Alvin Lee und *Ten Years After* in der heutigen LiveRillen-Sendung auf Radio Corax zum Thema Bluesrock – da sind wir schon fast auf der Zielgeraden, und ich merke, dass wir zu diesem Thema unbedingt noch einen zweiten und vielleicht auch dritten Teil brauchen werden, denn zu jeder der heute vorgestellten Bands könnte man weitere Beispiele bringen, und etliche Namen stehen ohnehin noch auf meiner Liste.

Ein Name fiel vorhin bereits im Zusammenhang mit der „Night Of The Guitar"-Tour des Jahres 1988: *Pete Haycock*. Der Gitarrist hatte 1967 gemeinsam mit *Colin Cooper* die *Climax Blues Band* gegründet, die im Stil des Chicago Blues begann und diesen mit Elementen aus Jazz und Rock mixte. 1973 tourte die *Climax Blues Band* in den USA. Ihr Konzert in der *New York Academy of Music* wurde aufgezeichnet und als Doppel-LP veröffentlicht. Daraus jetzt einer der großen Blues-Klassiker der Hippie-Ära: „Let's Work Together", 1962 bereits von *Wilbert Harrison* als

„Let's Stick Together" geschrieben (ein Song über das Zusammenhalten in der Ehe übrigens!) und später von *Canned Heat, Bob Dylan, Bryan Ferry* und vielen anderen endlos gecovert. Hier also die *Climax Blues Band* mit dem 2013 an einem Herzinfarkt verstorbenen *Pete Haycock* an der Gitarre und ihrer Version von „Let's Work Together".

Climax Blues Band: Let's Work Together

Zum Schluss dieser Sendung noch ein Mann, der beim Thema Bluesrock nicht fehlen darf – und dem ich noch eine eigene Sendung widmen werde: *Rory Gallagher*. Der 1949 geborene Ire hatte mit 17 Jahren seine erste Bluesband und belegte mit 23 Jahren bereits den ersten Platz im Gitarristen-Ranking des *Melody-Maker*.

Als wichtigste Einflüsse nannte er *Muddy Waters, Chuck Berry* und – *Robert Johnson*, so schließt sich also der Kreis. *Gallagher* galt als Anti-Star im verwaschenen Holzfäller-Hemd, die zerschrammte Fender lässig vor der Brust und gern mit den Fans bis in die frühen Morgen Guiness konsumierend – so was geht nicht lange gut, und 1995 ist er denn auch nach einer Lebertransplantation verstorben, mit gerade mal 46 Jahren.

Der letzte Titel dieser Sendung wurde vor ziemlich genau 50 Jahren im Londoner *Marquee-Club* aufgenommen: *Rory Gallagher* mit seiner damaligen Band *Taste* und dem Traditional „First Time I Met The Blues" – zweifellos ein würdiger Ausklang dieser LiveRillen…

Rory Gallagher & Taste: First Time I Met The Blues

Tja, und das war sie also, die dritte Sendung der LiveRillen auf Radio Corax – erstaunlich, wie schnell die zwei Stunden immer vergehen!
Die nächste Sendung kommt im Juli – dann heißt das Motto: „The Cover(s) Of The Rolling Stone(s)" – das kalauert ein bisschen mit dem Ulk-Hit von *Dr. Hook* und seiner *Medicine Show* – in der Sendung geht's dann aber um gecoverte Stones-Titel im Vergleich mit den live gespielten Originalen. Ich freue mich drauf!

Quellen:

- ➢ Allman Brothers Band: At Fillmore East, Do.-LP, Capricorn, 1971
- ➢ Blue Öyster Cult: Extraterrestrial Live, Do.-LP, CBS, 1982
- ➢ Climax Blues Band: FM/LIVE, Do.-LP, Sire Records, USA, 1973
- ➢ The First Great Rock Festivals Of The Seventies: Isle Of Wight / Atlanta Pop Festival, 3-LP-Set, Columbia/CBS, 1972
- ➢ Hooker n' Heat (John Lee Hooker & Canned Heat): Live At The Fox Venice Theatre 1971, LP, Rhino Records, 1981
- ➢ Robert Johnson: King Of The Delta Blues Singers (1936/37), Do.-LP, DOL, 2017
- ➢ John Mayall's Bluesbreakers: o. T., LP, AMIGA (Entente), 1988
- ➢ Taste feat. Rory Gallagher: In Concert 1968, LP, Ariola, 1978
- ➢ Ten Years After: Recorded Live, Do.-LP, Chrysalis, 1973
- ➢ Johnny Winter And: Live, Do.-LP, CBS, 1976

No. 04: The Cover(s) of the Rolling Stone(s)

Juli 2018

Die heutige Ausgabe hat ein durchaus mehrdeutiges Motto: „The Cover(s) of the Rolling Stone(s)" – das spielt zunächst sprachlich mit einem Hit der Südstaaten-Spaßrocker von *Dr. Hook and The Medicine Show* um den (nach einem schweren Autounfall einäugigen) ex-Soulsänger *Ray Sawyer*. 1969 hatte sich die nach dem finsteren Peter-Pan-Käpt'n benannte Band gegründet und erwarb sich mit ihren ekstatischen Bühnenshows und den doppelbödig-ironischen Texten schnell Kultstatus. 1972 kam dann dieser geniale Werbe-Gag: ein Song über eine Band,

die alles erreicht hat, nur niemals die Titelseite des Musikmagazins „Rolling Stone" – den schrägen Text hatte übrigens der Playboy-Cartoonist *Shel Silverstein* geliefert. Und bevor wir den etwas konstruierten Bezug des Songs zum heutigen Sendungsinhalt auflösen, hier eine Liveversion von der LP „Dr. Hook – Live In The U.K." aus dem Jahr 1981.

Dr. Hook: The Cover Of The Rolling Stone

„The Cover Of The Rolling Stone" – die prominente Musikzeitschrift hat sich übrigens nicht lumpen lassen: Ein Jahr nach Erscheinen des Songs waren *Dr. Hook and The Medicine Show* tatsächlich auf dem Cover der Musikillustrierten abgebildet!

Nun aber zu den *Covers of the Rolling Stones* – also dem Nachspielen von Songs jener seit nunmehr 56 Jahren schier unaufhaltsam rollenden Steine, die ich vor wenigen Tagen erst im Berliner Olympiastadion genießen durfte. Man unkt ja immer: Das war bestimmt das letzte Mal, aber da bin ich mir nach diesem kraftvollen Auftritt nicht so sicher. In der heutigen LiveRille werden also *Stones*-Titel im Original und in den Konzertfassungen anderer Künstler erklingen – ohne dass daraus ein purer Besser-oder-schlechter-Vergleich werden soll.

Zum Einstieg der meistgecoverte *Stones*-Titel schlechthin, und das ist einfacher als bei den *Beatles*, von denen viele Titel in ähnlicher Verteilung bei anderen Stars auftauchen, ohne dass ein klarer Favorit auszumachen wäre – mehr dazu übrigens dann in der nächsten LiveRillen-Ausgabe!

Welches ist denn aber nun der meistgecoverte *Stones*-Song? Nein, weder „Satisfaction" noch „Angie" oder „Jumpin' Jack Flash", sondern „Honky Tonk Woman". Erschienen als Single im Juli 1969 (und später in einer Country-Version auf „Let It Bleed"), war er bereits auf der Stones-Liveplatte „Get Yer Ya-Ya's

Out" zu hören, die im November 69 im New Yorker Madison Square Garden eingespielt wurde – mit *Mick Taylor* an der Gitarre für den im Juli 1969 in seinem Pool ersoffenen (und ohnehin bei den Stones zuvor gefeuerten) *Brian Jones* – und mit *Ian Stewart* am Piano: Eine schnörkellose Version des Stücks, das danach sehr schnell zum Klassiker werden sollte.

Rolling Stones: Honky Tonk Woman

Nun also zu den *Covers of the Rolling Stones*, die der heutigen LiveRillen-Ausgabe den Titel geben – und zu diesem Song hab ich in meinem Live-Archiv gleich fünf Versionen gefunden, die auch alle gespielt werden sollen, denn jede hat ihren Reiz, wie ich finde. In der zeitlichen Abfolge zunächst die Fassung von *Elton John*. Bereits 1971 hat er sich auf seine Weise am Song der *Glimmer Twins* versucht, und das mit beachtlichem Erfolg. Gleich im Anschluss dann „Honky Tonk Woman" in der Fassung von *Joe Cocker*, aufgenommen in den frühen 1970er Jahren – zwei „Covers of the Rolling Stones" also am Stück.

Elton John / Joe Cocker: Honky Tonk Woman

Schon erstaunlich, wie unterschiedlich solche Cover ausfallen können, wenn man nicht versucht, das Original zu kopieren, sondern eben die ganz eigene Interpretation dafür zu finden! Das dürfen auch die folgenden Bands für sich verbuchen, die sich ebenfalls an „Honky Tonk Woman" versucht haben.

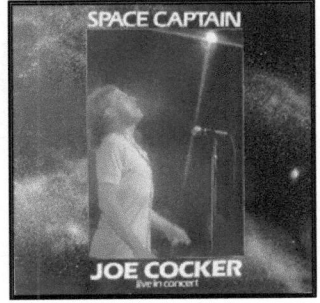

Zunächst *Humble Pie* – 1969 aus den Splittern verschiedener bekannter Bands wie den *Small Faces, Spooky Tooth* oder *Herd* gegründet. Neben *Steve Marriott*, dem zwar körperlich kleinen, dafür aber stimmgewaltigen und energiegeladenen ex-*Small-Faces*-Sänger und Gitarristen, war anfangs noch *Peter Frampton* zu hören, der 1972 vom ex-*Colosseum*-Gitarristen *Dave Clempson* ersetzt wurde. In dieser Besetzung feierten sie vor allem live grandiose Erfolge. Hier eine Aufnahme aus dem Jahr 1973 – der Mitschnitt entstand im *Winterland Theatre* in San Francisco, und *Steve Marriott* – man wird es gleich hören – macht auch gar keinen Hehl daraus, dass es sich bei dieser seiner Interpretation von „Honky Tonk Woman" um einen Tribute – eine tiefe Verbeugung also – vor den *Rolling Stones* handelt.

Gleiches trifft zweifellos auch auf die nachfolgende Variante zu, wenn auch unter gänzlich anderen Vorzeichen entstanden: Um das internationale Rock-Defizit in der DDR etwas abzumildern, formierten sich Mitte der 1980er Jahre die *Gitarreros* aus Spitzenleuten diverser DDR-Bands. Ihre Tour quer durch die Republik war durchaus ein Publikumsmagnet – nicht zuletzt, weil eben auch diverse internationale Klassiker (von *Jimi Hendrix* über *Curtis Mayfield* und *Bryan Adams* bis eben hin zu den *Rolling Stones*) im Repertoire waren.

Hier aus dem 1986 bei AMIGA erschienenen Livemitschnitt eines Konzertes der *Gitarreros* in Leipzig: „Honky Tonk Woman" – an den Gitarren *Gisbert „Pitty" Piatkowski* (heute mit *Renft* unterwegs), dazu *Uwe Haßbecker*, der *Silly*-Gitarrist, *Bernd Römer* von *Karat* und *Jürgen Ehle* von *PANKOW*. Am Mikrofon stehen bei dieser Aufnahme *Tamara Danz, Herbert Dreilich, Mike Kilian* und *Tony Krahl* – was für ein *Who Is Who* der DDR-Rockszene der Mittachtziger Jahre!

Humble Pie / Gitarreros: Honky Tonk Woman

Und als fünftes Stones-Cover in der heutigen LiveRillen-Sendung nun noch eine Version der US-amerikanischen Bluesrocker von *The Black Crowes* um die Brüder *Chris* und *Rich Robinson*. Seit Ende der 1980er Jahre gehörten die Schwarzen Krähen zu den erfolgreichsten US-Livebands. Insbesondere das *Otis-Redding*-Cover „Hard to Handle" sorgte dafür, dass sich ihre Debüt-LP von 1990 rund 5 Millionen mal verkaufte!

Nach diversen Höhen und Tiefen, Trennungen und Fusionen sowie gemeinsamen Projekten unter anderem mit *Jimmy Page, Lynyrd Skynyrd* oder *Tom Petty* gab es 2015 das wohl endgültige Aus der *Black Crowes*. Geblieben sind etliche Live- und Studio-Alben – hier eine frühe Aufnahme aus dem *Plaza-Hotel* in Atlantic City, das übrigens einem gewissen *Donald Trump* gehört – das aber nur am Rande: Die *Black Crowes* mit ihrer Rockversion von „Honky Tonk Woman" aus dem Jahr 1990.

Den Schlusspunkt unter die Honky-Tonk-Woman-Festspiele in dieser LiveRillen-Ausgabe dürfen die Originale selbst setzen: Auch die *Stones* haben ja ein „Atlantic City"-Livealbum, und das mit gleich drei Platten – wenn auch kein offizielles: das berühmt-berüchtigte Luxemburger Bootleg-Label „Swingin' Pig Records" hat ein Radio/TV-Konzert der *Stones* vom Dezember 1989 ebenso digital wie illegal mitgeschnitten und in einem schwarz-goldenen Karton zu ihrer erfolgreichsten Edition überhaupt gemacht (alle Versuche der *Stones*, die Herausgabe zu verhindern, sind gescheitert). Dabei brauchen sich die Jungs nicht zu schämen – die *Stones* waren bei diesem Konzert in Hochform, und mit ihrer Version des eigenen Klassikers schauen wir dann mal weiter, welche anderen Stücke sich noch als „Covers oft the Rolling Stones" eignen.

The Black Crowes / Rolling Stones: Honky Tonk Woman

Das also waren fünf verschiedene Coverversionen von „Honky Tonk Woman", dazu zweimal die Original-*Stones* im Abstand von 20 Jahren – durchaus interessante stilistische Vergleiche ermöglichend. Nun aber – getreu dem Motto der heutigen LiveRillen-Sendung – zu weiteren „Covers of the Rolling Stones"!

Und da vollziehen wir einen gewagten stilistischen Wechsel, um nicht gar von Bruch zu sprechen: Die *Flying Pickets* gehören zu den erfolgreichsten A-Cappella-Gruppen im Popgeschäft – in wechselnden Besetzungen sind sie seit Anfang der 1980er Jahre aktiv. Zunächst hatten die singenden Schauspieler gar nicht die große musikalische Karriere vor Augen, doch als sich ihre Debütplatte „Live At The Albany Empire" aus dem Jahr 1982 überraschend gut verkaufte, kam die Sache dann doch ins Rollen. Vielleicht nicht unbedingt wegen ihrer

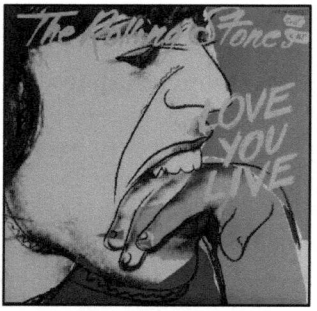

Vokalversionen der Rollenden Steine, aber auch die sind skurril und ganz lustig anzuhören.

Hier sind die *Flying Pickets* mit „Get Off Of My Cloud", dem *Stones*-Hit aus den Mittsechzigern, den wir dann gleich im Anschluss von ihnen selbst gespielt hören – von der Doppel-LP „Love You Live" aus dem Jahr 1977. Zwei ganz verschiedene Möglichkeiten, jemandem zu sagen, er möge sich bitteschön vom Acker machen…

Flying Pickets / Rolling Stones: Get Off Of My Cloud

Weiter geht's mit einem Song, den die *Stones* selbst erst mal gecovert haben: Der *Buddy-Holly*-Klassiker „Not Fade Away", den dieser 1957 gemeinsam mit *Norman Petty* geschrieben und mit seiner Band, den *Crickets*, eingespielt hat. Den brachten die *Stones* 1964 auf die A-Seite ihrer ersten US-Single und landeten damit nicht nur dort einen grandiosen Erfolg. Kein Wunder also, dass „Not Fade Away" immer

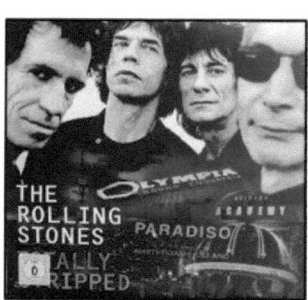

mal wieder im Live-Repertoire der *Stones* auftaucht und irgendwie auch als echter *Stones*-Titel gelten darf. Diesmal hören wir zuerst die *Stones*-Version – eine relativ späte übrigens, vom Album „Totally Stripped", aufgenommen 1995 in Amsterdam. Im Anschluss dann nochmals die *Flying Pickets*, die sich 1982 auf ihre ganz eigene Weise mit „Note Fade Away" befasst haben – hörenswert allemal.

Rolling Stones / Flying Pickets: Not Fade Away

Kommen wir zu *Roger Chapman* und damit zu einer der großen, unverwechselbaren Stimmen des Rock-Zirkus seit den 1960er Jahren. 1965 hatte er bei *Family* angeheuert, einer energiegeladenen, doch insgesamt glücklosen Band, die sich 1973 auflöste. Danach zunächst solistisch tätig, formierte *Chappo* Mitte der 70er sein eigenes Bandprojekt unter dem Namen *Shortlist*. Dafür rekrutierte er unter anderem den versierten Gitarristen *Geoffrey Whitehorn*, der auch bei *Bad Company* oder *Chris Farlowe* in der Besetzungsliste auftaucht, sowie den Saxofonisten *Mel Collins*, der lange bei *King Crimson* gespielt hatte und auch schon mit *Alvin Lee* auf der Bühne

stand. Insbesondere in Deutschland war *Chappo* mit *Shortlist* gern und erfolgreich auf Tour. Im August 1979 spielten sie in der Hamburger Markthalle ein fantastisches Konzert, das zum Glück mitgeschnitten wurde und so der Nachwelt erhalten geblieben ist. Darauf als Zugabe ein *Stones*-Cover aus den 1960ern: „Let's Spend The Night Together".

Im Anschluss an die Version von *Roger Chapman* dann gleich die Steine selbst, die den Song 1981 auf ihrer Amerika-Tour in der Setlist hatten – veröffentlicht auf dem Album „Still Life".

Zweimal am Stück also die klare Ansage: „Let's Spend The Night Together".

Roger Chapman / Rolling Stones: Let's Spend The Night Together

Im Reigen der *Rolling-Stones*-Cover nun zu einem Titel, den die Herren *Jagger* und *Richards* selbst immer wieder gern spielen – auf so ziemlich allen ihren Livealben ist er drauf, und auch jüngst im Berliner Olympiastadion haben sie ihn mit voller Power zelebriert: „Jumpin' Jack Flash"! Und auch andere Bands haben sich immer wieder auf den Song gestürzt, der Mitte 1968 (vor genau 50 Jahren also) als Single erschienen ist und sowohl in England als auch in Deutschland auf Platz Eins der Single-Charts stürmte.

In seiner Autobiografie „Stone Alone" beansprucht übrigens Bassist *Bill Wyman* die musikalische Grundidee für sich – genannt wurden dann aber wie stets nur die Glimmer-Twins *Jagger* und *Richards* als Autoren. So viel zur Gruppendynamik… Hier ist „Jumpin' Jack Flash" vom *Stones*-Album „Love You Live" aus dem Jahr 1977 – rau, robust und brachial.

Rolling Stones: Jumpin' Jack Flash

Jetzt folgen wieder „Covers Of The Rolling Stones" – drei Mal habe ich den Song in Fremdinterpretationen in meinem Plattenregal gefunden. Zunächst ein Mitschnitt von einem der ersten großen Benefizkonzerte der Rockgeschichte, das ex-Beatle *George Harrison* 1971 gemeinsam mit *Ravi Shankar* für die unter einem verheerenden Bürgerkrieg leidenden Flüchtlinge in Bangla Desh organisierte (ich hatte es bereits in der LiveRillen-Ausgabe zu Bob Dylan erwähnt) – unter anderem mit *Eric Clapton, Bob Dylan* und *Leon Russell*. Das personelle Grundgerüst der Festival-Band stellten übrigens *Badfinger*.

Das Konzert für Bangla Desh fand in zwei Durchläufen am Nachmittag und Abend des 1. August 1971 im New Yorker *Madison Square Garden* statt – beide Male stand „Jumpin' Jack Flash" auf dem Programm, jeweils als Medley mit dem Leiber/Stoller-Titel „Youngblood" und gesungen von *Leon Russell*. Hier dieser knapp zehnminütige Mitschnitt vom Bangla-Desh-Konzert 1971.

Bangla Desh: Jumpin' Jack Flash

Zwei Mal „Jumpin' Jack Flash" folgen noch – zunächst eine Fassung von *Peter Frampton* aus seinem genialen Doppelalbum „Frampton Comes Alive" aus dem Jahr 1975 – innerhalb kurzer Zeit zehn Millionen mal verkauft und damit eine der erfolgreichsten Liveplatten der Rockgeschichte überhaupt! *Peter Frampton* hatte

zuvor schon bei *Herd* und *Humble Pie* gespielt und sich vor allem als jugendliches Sex-Symbol etabliert. Heute ist er mit seinen inzwischen 68 Jahren noch immer musikalisch aktiv, so vor kurzem als Special Guest bei *Deep Purple*-Konzerten – aber seine große Zeit, das waren zweifellos die Mittsiebziger Jahre!

Danach noch einmal „Jumpin' Jack Flash" im Bluesrock-Modus a la *Johnny Winter* – 2014 mit 70 Jahren verstorben. Vielen wird der fast blinde Albino mit den langen schlohweißen Haaren in guter Erinnerung sein – in der letzten LiveRillen-Sendung gab's ja hier seinen „Mean Town Blues" zu hören.

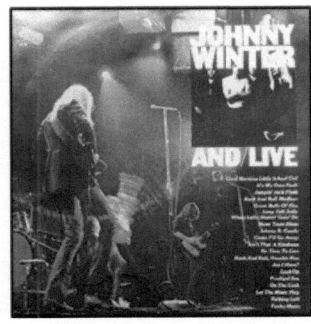

Im selben Konzert, 1971 im legendären *Fillmore East*, dem New Yorker Musiktempel des deutschstämmigen Impresarios *Billy Graham*, aufgenommen – gab *Johnny Winter* mit seiner Band aus ex-*McCoy*-Musikern um den Gitarristen *Rick Derringer* auch seine hörenswerte Auffassung des *Stones*-Hits „Jumpin' Jack Flash" zum Besten: Zunächst *Peter Frampton* – dann *Johnny Winter*.

Peter Frampton / Johnny Winter: Jumpin' Jack Flash

Na, da geht doch die Post ab bei diesen kraftvollen Coverversionen des *Stones*-Klassikers „Jumpin' Jack Flash" – eben von *Johnny Winter*, davor von *Peter Frampton* interpretiert. Und damit biegt auch diese LiveRillen-Ausgabe unausweichlich auf die Zielgerade ein. Dort wird das Motto „The Covers of the Rolling Stones" auf einen Song bezogen, der selbst eine Art Motto im *Stones*-Kosmos darstellt: "Gimme Shelter" – Gib mir Schutz. 1969 auf der LP „Let It Bleed" veröffentlicht, gilt der Song als einer der besten der *Stones* – die Musikzeitschrift *Rolling Stone* setzte ihn im Ranking der 100 besten *Stones*-Titel sogar auf Platz Eins! Es ist ein Song über die Apokalypse, das Ende der Welt, und dass der Vietnamkrieg hier Pate stand, ist keine Erfindung von Journalisten, sondern bezeugte Selbstaussage von *Mick Jagger*. Der Titel diente auch dem Film zur 69er US-Tournee der *Stones* als Etikett – jener Tour, die im Desaster von *Altamont* endete, bei dem ein Schwarzer unmittelbar vor der Bühne von als Ordnertruppe verpflichteten *Hells Angels* erstochen wurde… (siehe LiveRillen No. 2, S. 45). Bei ihren Livekonzerten steht „Gimme Shelter" bis heute regelmäßig auf der Setlist – auch jüngst in Berlin war das wieder eine großartige Sache, nicht zuletzt durch das Duett von *Mick Jagger* mit seiner Background-Sängerin *Sasha Allen*.

Grand Funk Railroad hatten „Gimme Shelter" bereits auf ihrem Studioalbum „Survival" von 1971 gecovert, und so wundert es nicht, dass es auch auf ihrem fantastischen Livealbum „Caught In The Act" von 1975 zu hören ist. Hier sind die Dampframmenrocker von *Grand Funk* um *Mark Farner* mit „Gimme Shelter".

Grand Funk Railroad: Gimme Shelter

„Thank You – Good Night" – das sage ich jetzt auch, denn die Sendezeit ist fast vorüber. Das waren „The Covers Of The Rolling Stones" – ich hoffe, euch hat's beim Zuhören ebenso viel Spaß gemacht wie mir bei der Auswahl für diese LiveRillen-Ausgabe. Die nächste LiveRille „Von Yesterday bis Let it be" gibt's im August – dann kommen die *Beatles* zu ihrem Recht, besser gesagt jene Bands und Künstler, die sich live mit ihren Stücken auseinandergesetzt haben – die Palette reicht von *Amen Corner* über *Joan Baez* und *Joe Cocker* bis zu *José Feliciano, Nils Lofgren, Johnny Rivers* oder *Jeff Beck*.

Zum Schluss noch mal die *Stones* selbst – natürlich mit „Gimme Shelter", und zwar aus dem Dreifach-Album „Atlantic City" vom Dezember '89 – erschienen auf dem kleinen, feinen (und frechen) Bootleg-Label *Swingin' Pig Records*.

Rolling Stones: Gimme Shelter

Quellen:

➢ The Black Crowes: Live Atlantic City am 24. August 1990, LP, DOL, 2015
➢ Roger Chapman and The Shortlist: Live In Hamburg, LP, Teldec, 1979
➢ Joe Cocker: Space Captain, Live In Concert, LP, Cube Records, 1982
➢ The Concert For Bangla Desh, 3-LP-Set, Apple, 1972
➢ Dr. Hook: Live In The U.K., LP, Electrola, 1981
➢ The Flying Pickets: Live Albany Empire!, LP, AVM Records, 1982
➢ The Flying Pickets: Live, LP, 10 Records/Virgin, 1985
➢ Peter Frampton: Frampton Comes Alive, Do.-LP, A&M, 1976
➢ Gitarreros: It's Only Rock'n'Roll – Live In Concert, LP, AMIGA, 1986
➢ Grand Funk Railroad: Caught In The Act, Do.-LP, Capitol, 1975
➢ Humble Pie: Live In Concert 1973, LP, ZYX, 2011
➢ Elton John: Live Collection, Do.-LP, Pickwick Records, 1976
➢ The Rolling Stones: Get Yer Ya-Ya's Out, LP, Decca, 1970
➢ The Rolling Stones: Love You Live, Do.-LP, EMI, 1977
➢ The Rolling Stones: Still Live / American Concert 1981, LP, Promotone, 1982
➢ The Rolling Stones: Atlantic City '89, 3-LP-Set, Swingin' Pig Records, 1990
➢ The Rolling Stones: Totally Stripped (1995), Do.-LP, Promotone, 2016
➢ Johnny Winter And: Live, Do.-LP, CBS, 1976

No. 05: Von Yesterday bis Let It Be – Beatlessongs in Concert

August 2018

Die heutige fünfte Ausgabe der LiveRillen ist quasi eine Antwort auf die letzte Sendung, in der es um gecoverte Songs der *Rolling Stones* ging: heute heißt das Motto: „Von Yesterday bis Let It Be – Beatlessongs in Concert".
So sehr viel radiotaugliches Livematerial von den vier Liverpooler Pilzköpfen gibt es ja gar nicht – was keineswegs an ihnen selbst liegt, sondern an den Aufnahmemöglichkeiten ihrer Zeit und vor allem an der Tatsache, dass die kreischenden Mädels im Saal in der Regel lauter waren als die *Vox*- und *Orange*-Verstärker auf der Bühne. Dennoch sollen sie zunächst selbst zu hören sein, bevor nachfolgend dann andere Bands und Künstler ihre *Beatles*-Interpretationen zum Besten geben dürfen.
Hier also drei Titel der *Beatles* live am Stück, und das in feiner Ton-Qualität, für die *Giles Martin* verantwortlich zeichnet – der 1969 geborene Sohn des legendären *Beatles*-Produzenten *George Martin*. Er hat ja im Vorjahr zum 50jährigen Jubiläum von „Sgt. Peppers Lonely Hearts Club Band" das Album in einer Stereofassung neu abgemischt, und er ist es auch, der die 1964 und 1965 im *Hollywood Bowl* von

Los Angeles entstandenen Liveaufnahmen der Beatles toll überarbeitet hat. 2016 ist die LP mit der Musik des Ron-Howard-Films „Eight Days A Week – The Touring Years" dann erschienen, und wir starten diese Ausgabe mit drei *Beatles*-Klassikern: „Help", All My Loving" und „She Loves You"…

Beatles: Help / All My Loving / She Loves You

Der Erfolg eines Künstlers oder einer Band misst sich ja nicht nur an den Verkaufszahlen der Tonträger oder den Konzertbesuchern, sondern auch an der Resonanz, die die eigenen Stücke bei den Musikerkollegen finden, gerade wenn diese zu jeweils ganz eigenen Interpretationen angeregt werden. In dieser Ausgabe werden so unterschiedliche Künstler zu hören sein wie *Joan Baez* und *Joe Cocker, Nils Lofgren* und *Billy Joel, Tina Turner* oder *José Feliciano*.

Und da das Motto „Von Yesterday bis Let It Be"
lautet, sollen zwei Fassungen des Paul-McCartney-
Klassikers den Anfang im Reigen der *Beatles*-
Cover bilden: Zunächst *Joan Beaz*, die
Folksängerin schlechthin, seit fast sechs
Jahrzehnten auf den Bühnen der Welt zu Hause,
die derzeit auf ihrer grandiosen Abschiedstour ist
und dabei auch in Halle Station gemacht hat. Ihre
Yesterday-Fassung stammt vom 1969
aufgenommenen Livealbum „Joan Baez in Italy".

Gleich im Anschluss noch eine Version, die fast zeitgleich entstanden ist und für
die die *Walker Brothers* verantwortlich zeichnen. Das 1964 in Los Angeles
gegründete Trio bestand aus *Scott, John* und *Gary Walker,* die bürgerlich allerdings
auf die Nachnamen *Engel, Maus* und *Leeds* hörten und mitnichten Brüder waren.

1968 wurde ihr Konzert im japanischen Osaka
aufgezeichnet und erst rund 20 Jahre später als
Doppelalbum veröffentlicht. Die ansonsten eher
für orchestrale Werke mit romantischem Bombast
bekannte US-Band bietet hier eine Version von
„Yesterday", die heutzutage in jeder Clublounge
durchgehen würde.

Joan Beaz / Walker Brothers: Yesterday

Bleiben wir noch in den 1960er Jahren, denen dann übrigens die nächsten
LiveRillen-Sendungen ab September komplett gewidmet sein werden als „The
Sound Of The Sixties".

Zunächst eine britische Beatband namens *Amen Corner.* 1966 in Cardiff als
Schülerband gegründet. Fünf Jahre lang war das Septett äußerst erfolgreich; die
Jungs hatten neben einer Reihe von Hits wie „Half As Nice", „Bend Me, Shape
Me" oder „Hello Susie" eigene TV-Serien und genossen die angenehmen Seiten
des Starruhms mit Geld und schicken Autos. Nun
ja… Immerhin war auch nach dem Aus der *Amen
Corner* ihr Sänger *Andy Fairweather* als Solist noch
durchaus erfolgreich im Popgeschäft aktiv.

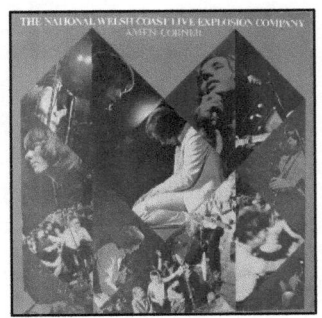

Hier eine Liveaufnahme der *Amen Corner* aus dem
Jahr 1969 – ihre Fassung von „Penny Lane" –
1967 gemeinsam mit „Strawberry Fields Forever"
als Single der *Beatles* erschienen und dank des
einprägsamen Trompetensolos, das an Bachs 2.
Brandenburgisches Konzert erinnert, wohl jedem

dauerhaft im Ohr. Das fehlende Instrument ersetzen *Amen Corner* live durch ein lapidares „LaLaLa…".

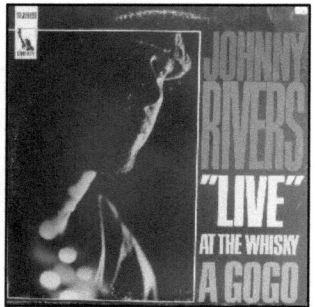

Dann geht's von Großbritannien über den Großen Teich in die USA: In Hollywood hatte es Mitte der 60er Jahre der 1942 geborene Gitarrist und Sänger *Johnny Rivers* zu einer gewissen Berühmtheit gebracht, als Livemusiker mit seiner kleinen Band im exklusiven Club *Whiskey-A-Go-Go*. Auf mehreren Platten sind seine dortigen Auftritte verewigt – wir hören aus dem Jahr 1965 seine Clubversion von „A Hard Days Night" – einem der großen frühen *Beatles*-Hits, 1964 erschienen und auch Titelsong des ersten Beatles-Films (der in der Bundesrepublik allerdings seinerzeit unter dem Titel „Yeah Yeah Yeah!" lief, was unseren großen DDR-Vorsitzenden Walter Ulbricht möglicherweise zu jenem denkwürdigen Ausspruch inspirierte, *man solle nicht jeden Dreck, der aus dem Westen komme, kopieren und endlich mit der Monotonie des Je-Je-Je und wie das alles heißt, Schluss machen…*).

Wir machen hier keineswegs Schluss – gleich nach *Johnny Rivers* kommen *The Mamas & The Papas* – die kalifornische Hippiekultur ist ohne sie schlichtweg undenkbar. Beim *Monterey Pop Festival* im Juni 1967 entstand dieser Mitschnitt von „I Call Your Name" aus der Feder von *John Lennon* und *Paul McCartney*. In den USA war der Song auf der 1964 nur dort veröffentlichten zweiten *Beatles*-LP enthalten; in Großbritannien wurde er im selben Jahr neben Coversongs als einzige „echte" *Beatles*-Komposition auf der EP „Long Tall Sally" veröffentlicht.

Mal hören, was *Cass Elliot, Michelle Gilliam, John Philipps* und *Danny Doherty* – besser bekannt als *The Mamas & The Papas* – aus der *Beatles*-Vorlage gemacht haben – vorher aber noch die *Amen Corner* und *Johnny Rivers…*

Amen Corner: Penny Lane
Johnny Rivers: A Hard Days Night
Mamas & Papas: I Call Your Name

Tja, was wäre aus ihm geworden, wenn es diesen legendären Auftritt in *Woodstock* nicht gegeben hätte: *Joe Cocker*, die Reibeisenstimme aus Sheffield, Ende 2014 mit 70 Jahren verstorben. Seine siebeneinhalbminütige Darbietung des *Beatles*-Songs „With A Little Help From My Friends" gehört bis heute zu den Gänsehaut-Momenten des dreitägigen Festivals.

Auf „Sgt. Pepper" gehörte das freundliche
Liedchen – noch dazu gesungen von *Ringo Starr* –
ja zu den eher unauffälligen Stücken – das hat *Joe
Cocker* gründlich geändert, nicht zuletzt durch den
gequälten Aufschrei kurz vorm Schluss…
Aber das ist keineswegs das einzige *Beatles*-Cover
im Repertoire des großartigen Interpreten *Joe
Cocker*, der die jeweiligen Vorlagen stets zu seinen
ganz eigenen Stücken machte. „She Came In
Through The Bathroom Window" – Sie kam
durchs Badezimmerfenster - im September 69 auf
dem *Beatles*-Album „Abbey Road" erschienen,
hatte es Cocker ebenfalls angetan. Hier also die
doppelte Verbeugung vor dem großartigen *Joe
Cocker* – und natürlich vor den *Beatles*…

**Joe Cocker: She Came In Through … / With
A Little Help …**

Unverkennbar *Joe Cocker* mit seiner stilprägenden Interpretation von „With A
Little Help From My Friends" beim *Woodstock*-Festival 1969 – im kommenden
Jahr zum 50jährigen Jubiläum gibt es natürlich eine spezielle LiveRillen-Ausgabe
zu diesem Thema (siehe LiveRillen No. 2, S. 12ff)!
Nun – und wir sind noch immer in den 1960er Jahren – zu einem Gitarristen, der
ebenfalls als stilbildend angesehen werden darf: *José Feliciano*.
1945 als eines von elf Kindern eines puerto-ricanischen Bauern geboren und von
Geburt an blind, kam er mit fünf Jahren nach Harlem, lernte mehrere Instrumente
spielen, entschied sich aber bald für die Gitarre und wurde in der zweiten Hälfte
der 1960er Jahre zum Star – zunächst in Lateinamerika, bald aber auch im Rest der
Welt.
Nicht unwesentlich trugen dazu – neben seinem
Weihnachtslied „Veliz Navidad" – die
Coverversionen bekannter Hits seiner Zeit bei –
„Light My Fire" von den *Doors* oder „California
Dreamin'" von *The Mamas & The Papas* wären da
an erster Stelle zu nennen. Aber auch diverse
Beatles-Songs hatte *Feliciano* stets im
Konzertrepertoire, und so darf er in dieser
Sendung nicht fehlen! Und wie der Zufall so will:
Genau heute Abend steht *José Feliciano* in den USA mal wieder live auf einer
Bühne, gemeinsam mit seiner Band im *Jilson Square Park*, Willimantic, Connecticut!

Und hier ist er in den LiveRillen auf Radio Corax mit seinen Interpretationen der *Beatles*-Titel „Day Tripper" und „A Day In The Life", aufgenommen 1969 im *Palladium* in London.

José Feliciano: Day Tripper / A Day In The Life

Wunderbar filigrane Gitarrenarbeit von *José Feliciano*, dem blinden Gitarristen und Sänger, der hier „Day Tripper" und „A Day In The Life" von den *Beatles* interpretierte. Der letztere Titel war ja Schlusspunkt auf dem legendären Sgt.-Pepper-Album der *Beatles* aus dem Jahr 1968 – die Musikzeitschrift „Rolling Stone" setzte im Jahr 2010 „A Day In The Life" sogar auf Platz 1 der 100 besten *Beatles*-Songs! Erstaunlich, wie sich im Titel die relativ klar erkennbaren jeweiligen kompositorischen Anteile von *John Lennon* und *Paul McCartney* letztlich zu einer spannungsvollen Einheit verbunden haben.

"Day Tripper" wiederum war bereits Ende 1965 als Single erschienen – das Stück begegnet uns in dieser Sendung später noch einmal in der Version der *Steve-Gibbons-Band.*

Zuvor aber als Übergang zu den 1970er Jahren drei *Beatles*-Cover am Stück: Zunächst *Fifth Dimension* – die 5. Dimension. Das schwarze Gesangsquintett ist aus der Hippie-Ära ebenfalls nicht wegzudenken – vor allem durch ihre Interpretationen der Hits des Broadway-Musicals HAIR! Ihre ersten Platten waren übrigens auf dem Label *Soul City Records* erschienen, das 1967 jener *Johnny Rivers*, den wir vorhin aus dem *Whiskey-A-Go-Go* hörten, gegründet hatte. Aus dem 1972 erschienenen Live-Album von *Fifth Dimension* spiele ich das einleitende Medley rund um das Thema Liebe – und da findet sich als *Beatles*-Reminiszenz auch „All You Need Is Love" verarbeitet.

Nach diesem orchestralen Soul dann wieder purer Rhythm&Blues: Die *Faces* um

Rod Stewart und *Ron Wood* hatten auf ihrer 73er Tour durch die USA auch eine *John-Lennon*-Komposition auf der Set-List, die erst nach dem Aus der Beatles veröffentlicht wurde: „Jealous Guy", 1971 auf *Lennons* LP „Imagine" zu hören. Die kompositorische Idee zu dem Song allerdings ist älter – sie entstand bereits 1968 bei einem Aufenthalt in Indien. Dort hörten er und *Paul McCartney* einen Vortrag des *Maharishi* zu dessen Buch „Son Of The Mother Nature", der sie offenbar schwer beeindruckte. Bei *McCartney* erbrachte das den Song „Mother Nature's Son", veröffentlicht 1968 auf dem „Weißen Album" der *Beatles*. Und dieser Song ist dann das dritte *Beatles*-Cover dieses Musikblocks – in der Interpretation von *John Denver*, aufgenommen 1974 als wunderbar akustische Version bei einem Konzert in Kalifornien und 1975 auf dem Doppelalbum „An Evening With John Denver" veröffentlicht. *John Denver* gilt als erfolgreichster Country-Folksänger der 1970er Jahre, und noch heute gehört sein „Take Me Home, Country Roads" zum Lagerfeuer-Standardrepertoire. Hier aber hören wir ihn mit seiner Interpretation des *McCartney*-Titels „Mother Nature's Son" – vorher noch *Fifth Dimension* und die *Faces* mit *Rod Stewart*.

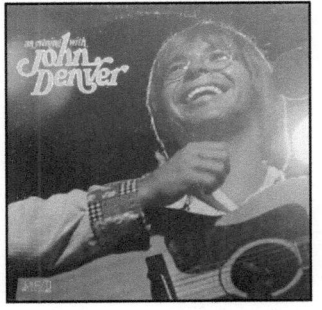

Fifth Dimension: All You Need Is Love
The Faces: Jealous Guy
John Denver: Mother Nature's Son

Nun zu einem kurzlebigen Projekt, das die *Roxy-Music*-Stars *Phil Manzanera* und *Brian Eno* im Jahr 1976 gründeten – es hieß schlicht *Eight-Zero-One* – also *801*. Ungewöhnlich auch, dass noch vor dem einzigen, 1977 veröffentlichten Studioalbum der Band bereits eine Liveplatte erschien, die den Mitschnitt eines Konzertes in der Londoner *Queen-Elizabeth-Hall* enthielt. Darauf finden sich neben Kompositionen von *Manzanera* und *Eno* auch zwei Verbeugungen vor der britischen Beat-Ära der 60er Jahre – ein Cover des *Kinks*-Hits „You Really Got Me" und der *Beatles*-Titel „Tomorrow Never Knows". Den hatte *John Lennon* allein

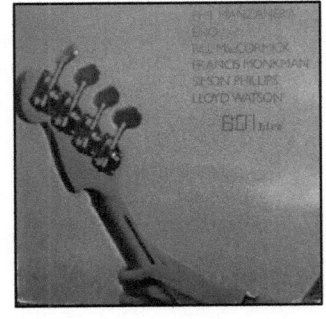

geschrieben, auch wenn wie üblich *Lennon/McCartney* als Autoren genannt werden. 1966 war „Tomorrow Never Knows" als Schlusstitel auf der Beatles-LP „Revolver" erschienen, gesungen von *John Lennon* – hier die Version von *801* – am Schlagzeug sitzt übrigens *Simon Philipps*, der später bei *Toto* trommeln wird.

Danach die bereits avisierte Fassung von „Day Tripper" der *Steve Gibbons Band*. Dem britischen Gitarristen und Sänger *Steve Gibbons* blieben die ganz großen Erfolge versagt, was seinem Können keineswegs entspricht – immerhin spielte er 1981 im *Rockpalast* des WDR und tourte danach als erster westlicher Rockmusiker durch die DDR.

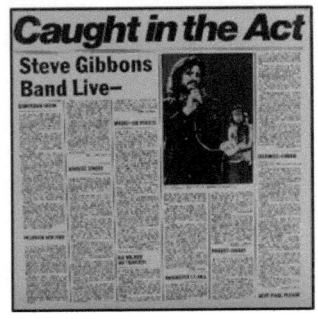

Neben eigenen Songs hatte er immer auch Coverversionen von *Bob Dylan* im Gepäck, dem er in den späten 90ern sogar ein eigenes Projekt widmete. Auf seinem 1977 erschienen Livealbum „Caught In The Act" gibt's seine hörenswerte Version von „Day Tripper".

801/Manzanera: Tomorrow Never Knows
Steve Gibbons Band: Day Tripper

Nun zu *Jeff Beck* und seiner Zusammenarbeit mit der *Jan Hammer Group*: Der britische Ausnahmegitarrist, der in den 1960ern bei den *Yardbirds* gespielt hatte, zeitweise sogar gemeinsam mit *Jimmy Page*, hat später immer mal wieder Ausflüge in den Jazz unternommen und diverse Fusion-Projekte gestartet. Unter den weltbesten Gitarristen listet der *Rolling Stone* ihn auf Platz fünf!

Mit der *Jan Hammer Group* tourte *Jeff Beck* 1976 und 1977 durch die Welt – 117 Konzerte am Stück. Daraus ist eine Live-LP entstanden, und auf dieser findet sich tatsächlich auch ein *Beatles*-Cover: „She's A Woman" – das Stück war 1964 als B-Seite der Single „I Feel Fine" erschienen. Danach dann der Sprung in die 1980er Jahre und zu *Nils Lofgren*, einem weiteren Meister auf den sechs Saiten, insbesondere durch seine Gitarrenarbeit für *Bruce Springsteens E-Street-Band* bekannt. 1951 in Chicago geboren, hatte er übrigens

schon mit 17 Jahren für *Neil Young* den Klavierpart von „After The Goldrush" eingespielt. Aber auch mit seiner eigenen Band, in der unter anderem sein Bruder *Tom Lofgren* mitspielt, war und ist er durchaus erfolgreich. 1986 entstand bei einer ausgedehnten Europa-Tournee das Doppelalbum „Code Of The Road", aus dem wir das *Beatles*-Cover „Anytime At All" hören – 1964 auf dem Beatles-Album „A Hard Days Night" erschienen. *Lofgren* hatte den Titel bereits auf seiner 81er Studioplatte „Night Fades Away" gecovert – hier also die Liveversion von 1986. Ein Jahr später war *Billy Joel* auf Tour in der Sowjetunion des Michail Gorbatschow. Der in New York geborene Sänger, Pianist und Entertainer spielte als erster US-Rockstar hinter dem löchrig gewordenen Eisernen Vorhang sechs umjubelte Konzerte, und besonders passend zweifellos im Zugabenteil die Coverversion von „Back In The U.S.S.R.", mit dem die *Beatles* 1968 ihr „Weißes

Album" eröffnet hatten – allerdings war ihnen ein Gastspiel in der Sowjetunion nie vergönnt. Hier also am Stück drei große Namen: *Jeff Beck, Nils Lofgren* und *Billy Joel* mit ihren Reminiszenzen an die *Beatles*.

Jeff Beck: She's A Woman
Nils Lofgren: Anytime At All
Billy Joel: Back In The U.S.S.R.

Nun wieder eine Frauenstimme, die sich der Beatles annimmt: *Tina Turner*, die

Rockröhre schlechthin, die sich nach der Selbst-Befreiung aus dem Schatten ihres Ex-Manns *Ike Turner* in den 1980ern an die Spitze des internationalen Rock'n'Roll-Popzirkusgeschäfts katapultiert hatte. Von ihrer Konzerttournee durch Europa ist ein wirklich hörenswertes Livealbum mit vielen bekannten Gastmusikern geblieben – auf diesem findet sich *Tina Turners* Version von „Help!" – Titelsong der 1965 erschienenen fünften Studioplatte der Fab Four.

Darf man sich eigentlich selbst covern? Die Frage beantwortet Sir *Paul McCartney* bis heute mit einem eindeutigen „Yes!" – bei Konzerten seiner Band *Wings* standen natürlich immer auch *Beatles*-Titel auf der Setlist. Aus dem Dreifach-Album „Wings Over America", das während ihrer ausgedehnten Tour 1976 aufgenommen wurde, hier zwei *Beatles*-Songs am Stück: „Lady Madonna", 1968 als

Single erschienen, und „The Long And Winding Road" vom letzten Album der *Beatles*: „Let It Be" aus dem Jahr 1970 – und da ahnen wir doch gemeinsam, dass auch diese LiveRillen-Ausgabe allmählich ihrem Ende zusteuert.

Tina Turner: Help
Wings: Lady Madonna / Long And Winding Road

Na, das klang doch sehr nach dem Original – kein Wunder: *Paul McCartney* spielt sich hier quasi selbst mit Unterstützung durch die *Wings*.

„Von Yesterday bis Let It Be" – so das Motto der heutigen LiveRillen-Ausgabe, die nun zu Ende geht. Und da wir mit Coverversionen von „Yesterday" begonnen haben, soll nun am Schluss tatsächlich auch „Let It Be" erklingen. Aufgenommen wurde diese Version ebenfalls unter Beteiligung von *Paul McCartney* und den *Wings*, die Ende Dezember 1979 maßgeblich an den Londoner Benefizkonzerten für die notleidende Bevölkerung von Kambodscha beteiligt waren – neben *The Clash, The Who, Elvis Costello* oder *Queen.* Zum Abschluss dieser „Concerts for the People of Kampuchea" intonierten die Künstler gemeinsam als *Rockestra*-Formation die 1969 erschienene *Beatles*-Hymne – das soll auch unser Schlusspunkt sein.

Die nächste LiveRillen-Ausgabe im September widmet sich dann ausführlich dem Soundtrack der 1960er Jahre, und da zunächst dem so genannten „Club 27" – freut euch drauf!

Rockestra: Let It Be / Rockestra Theme

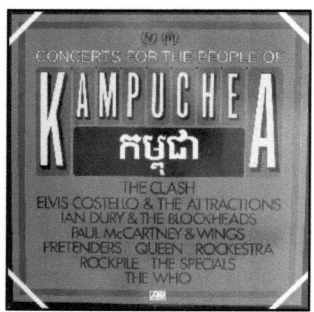

Quellen:

- Amen Corner: The National Welsh Coast Live Explosion Company, LP, LINE, 1983
- Joan Baez: Live In Italy, Do.-LP, Electrola, 1970
- The Beatles: Live At The Hollywood Bowl 1964/65, LP, Apple/Universal, 2016
- Jeff Beck: With The Jan Hammer Group, LP, Warner, 1977
- Joe Cocker: Space Captain, Live In Concert, LP, Cube Records, 1982
- Joe Cocker: Live, Do.-LP, EMI, 1990
- John Denver: An Evening With John Denver, Do.-LP, RCA, 1975
- Faces: Live / Coast To Coast / Overture And Beginners, LP, Warner, 1973/1976
- José Feliciano: Alive Alive-O, Do.-LP, RCA Victor, 1969
- The Fifth Dimension: Live!, Do.-LP, Bell Records, 1972
- Steve Gibbons Band: Live – Caught In The Act, LP, Polydor, 1977
- Billy Joel: KONZERT (in kyrill. Schrift), Do.-LP, CBS, 1987
- Kampuchea – Concerts For The People Of, Do.-LP, 1980
- Nils Lofgren: Night After Night, Do.-LP, A&M, 1977
- The Mamas & The Papas: Monterey International Pop Festival, LP, ABC/Dunhill, USA, 1967
- Phil Manzanera u. a.: 801 Live, LP, Island, 1976
- Johnny Rivers: Live At The Whisky A Gogo, LP, Liberty, o. J.
- Tina Turner: Tina Live In Europe, Do.-LP, Capitol/EMI, 1988
- The Walker Brothers: Live In Japan 1968, Do.-LP, Bam-Caruso, 1987
- Wings: Over America, 3-LP-Set, EMI Electrola, 1976

No. 06:   Der Club 27
September 2018

Heute will ich mich auf vier Musiker konzentrieren, die den 1960ern zweifellos den Stempel mit aufgedrückt haben, auch oder vielleicht gerade, weil sie dieses Jahrzehnt nicht (oder nur unwesentlich) überlebt haben: Genau, es geht um den legendären Club 27, den man eigentlich erst nach dem Tod von *Kurt Cobain* im April 1994 so bezeichnet, obwohl die Tatsache, dass da einige der ganz Großen im Alter von 27 Jahren abgetreten sind, auch zuvor schon aufgefallen war. Und *Robert Johnson* hatte es diesbezüglich gar schon im Jahr 1938 erwischt…

Nun ja, wir wollen den Verschwörungstheorien nichts hinzufügen, sondern uns ganz auf die Musik konzentrieren, die sie hinterlassen haben, als da sind:

Brian Jones, Gründungsmitglied und Gitarrist der *Rolling Stones*
Jimi Hendrix, bis heute auf Platz 1 der Liste der weltbesten Gitarristen aller Zeiten
Janis Joplin, die schwärzeste Stimme, die je aus einer weißen Kehle kam, und schließlich
Jim Morrison, Mastermind der *Doors* (der zugegeben dem Club erst 1971 beitreten musste).

Beginnen wir mit *Brian Jones*, der am Abend des 3. Juli 1969 ertrunken im Swimmingpool seines Landsitzes in Hartford, Sussex, gefunden wurde. Die *Stones* hatten ihn (übrigens unter Moderation von *Alexis Korner*) kurz zuvor gefeuert – das sagen zumindest die einen. Andere behaupten, *Brian Jones* sei selbst ausgestiegen, um seine eigenen musikalischen Ideen besser verwirklichen zu können, die ansonsten häufig genug am Jagger-Richards-Bollwerk scheiterten. Wie es genau war, werden wir nicht mehr erfahren – da hat jeder der Beteiligten offenbar seine eigene Wahrheit.

Fakt ist: *Brian Jones* war neben *Mick Jagger* das Poster-Gesicht der *Rolling Stones*, er lebte exzessiv, hatte mehrere uneheliche Kinder und etliche Drogenprozesse am Hals, und nach seinem frühen Tod blieb ein Schuldenberg in Höhe von 1,7 Millionen D-Mark – so wurde damals noch gerechnet.

Uns sind die *Brian-Jones*-Gitarrenparts der frühen Stones-Platten geblieben,

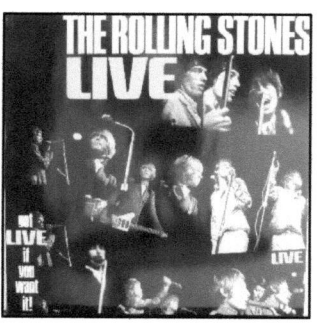

darunter auch die 1966 erschienene Liveplatte „Got Live If You Want It". Daraus jetzt drei Titel am Stück – die *Rolling Stones* mit *Brian Jones* an der treibenden Rhythmusgitarre.

Rolling Stones: The Last Time / 19th Nervous Breakdown / Time Is On My Side

Nach dem doch überraschenden Tod von *Brian Jones* zeigten sich seine Ex-Kollegen *Mick Jagger,*

Keith Richards, Charlie Watts und *Bill Wyman* durchaus betroffen und spielten zwei Tage später mit ihrem Neuzugang *Mick Taylor* an der Gitarre im Londoner *Hyde Park* ein ohnehin geplantes *Free Concert*, an dessen Ende sie Hunderte weißer Schmetterlinge fliegen ließen – zum Gedenken an *Brian Jones!*

Weiter geht's in der heutigen LiveRillen-Ausgabe im Sound der 1960er Jahre zum nächsten Klubmitglied der 27er – *Jimi Hendrix*. Bis heute *die* Gitarren-Legende schlechthin, an der niemand vorbeikommt, der es auf den sechs Saiten zu etwas bringen will. Seine unorthodoxe Spielweise mit den Zähnen oder hinter dem Rücken, das Ausnutzen von Rückkopplungen und Übersteuerungen am

Verstärker und seine hohe Virtuosität machten den Linkshänder schon zu Lebzeiten einzigartig. Und dieser Ruf überdauert bis heute. Hier zunächst zwei Aufnahmen vom *Monterey Popfestival* 1967 – am Ende dieses Konzerts ging die Stratocaster des Meisters übrigens in Flammen auf...

Jimi Hendrix: The Wind Cries Mary / Purple Haze

Hendrix war wohl selbst das, was man eine Kerze, die an beiden Seiten brennt, nennen könnte: Immer unter Strom, immer am Limit. Dabei spielte *Hendrix* bis Mitte der 60er Jahre durchaus nicht die erste Geige – er schlug sich vielmehr als Aushilfsmusiker und Sideman bei diversen Bluesbands und Stars wie *Little Richard* oder *Ike & Tina Turner* durch. Dann holte ihn der Ex-*Animals*-Bassist *Chas Chandler* nach London, und gemeinsam mit *Mitch Mitchell* am Schlagzeug und *Noel Redding* am Bass wurde die *Jimi Hendrix Experience* geboren. Der Erfolg ließ nicht lange auf sich warten – 1967 bereits wurde er vom *Melody Maker* zum besten Rocksolisten der Welt gekürt! Warum, das zeigt auch die folgende Aufnahme aus dem *Winterland* in San Francisco vom Oktober 1968.

Jimi Hendrix: Voodoo Chile

In knapp einem Jahr werden wir übrigens in den LiveRillen ausführlich an das *Woodstock-Festival* erinnern, das dann ein halbes Jahrhundert zurückliegt (siehe LiveRillen No. 2, S. 12), und dabei auch die legendäre Zerlegung der US-Hymne durch *Hendrix* erleben. Und natürlich wird seiner weltweit gedacht werden, wenn sich 2020 sein Todestag zum 50. Male jährt – es war der 18. September 1970.

Da ist *Jimi Hendrix* im Hotelzimmer der ehemaligen deutschen Eiskunstläuferin *Monika Dannemann* an seinem Erbrochenen erstickt – weiß Gott kein schöner Tod,

der ihn zum Mitglied des Clubs 27 werden ließ…
Für heute verabschieden wir uns von *Jimi Hendrix* mit einer Aufnahme, die kurz vor seinem Tod beim *Isle Of Wight Festival* 1970 entstand, jetzt mit *Billy Cox* am Bass und *Mitch Mitchell* am Schlagzeug: „Freedom" – treibender Bluesrock mit einer fast hypnotischen Wirkung.

Jimi Hendrix: Freedom

Nur wenige Wochen nach *Jimi Hendrix* – genau am 4. Oktober 1970 – verstarb mit *Janis Joplin* die Verkörperung der Beatnick-Philosophie *„Live fast – love hard – die young".* So liest man es zumindest im Rocklexikon von *Billy Graves* und *Siegfried Schmidt-Joos.*
Die Tochter eines mittleren Angestellten von TEXACO war jahrelang durch die USA getrampt und hatte in diversen Kellerclubs gesungen, bevor sie 1966 bei der kalifornischen Band *Big Brother & The Holding Company* als Sängerin anheuerte. Eines ihrer ersten Konzerte fand am 28. Juli 1966 in der *California Hall* in San Francisco statt. Eher zufällig wohl lief eine Bandmaschine mit, und sehr viel später – nämlich 1983 – sind diese Aufnahmen dann auf einem Bootleg erschienen, mit Linernotes des Schlagzeugers von *Big Brother, David Getz.* Die Aufnahmen klingen genau so, wie man sich Janis auf der Bühne vorstellen darf: rau und ungezügelt. Hier ein Stück aus diesem Set, das *Janis Joplin* selbst geschrieben und wohl auch so empfunden hat: „Woman Is Losers". Der danach einsetzende, kurze Erfolgsrausch führte Janis Joplin dann über das *Monterey Popfestival* 1967 und die Platten „Cheap Thrills" und „Kozmic Blues" – eingespielt mit ihrer neuen *Full Tilt Boogie Band* – bis zu den Aufnahmen zu „Pearl", jener dritten Platte, deren Veröffentlichung sie nicht mehr erleben sollte.

Janis Joplin: Woman Is Losers

Zu diesem hastigen, exzessiven Leben gehörten seit längerem Alkohol und harte Drogen – eine Flasche Bourbon am Tag sei keine Seltenheit gewesen, heißt es, und 14 Heroineinstiche wurden an ihrem Unterarm gezählt, als man sie am 4. Oktober 1970 tot in ihrem Motelzimmer fand.

Gerade hatte sie im Studio „Me And Bobby
McGee" eingesungen, jenen *Kris-Kristofferson*-Titel,
in dem es heißt, *„Freedom's just another word für*
nothing have to loose"...
Hier noch einmal *Janis Joplin* live mit der *Full Tilt*
Boogie Band, aufgenommen am 4. Juli 1970, also
genau ein Vierteljahr vor ihrem Tod, in Calgary:
„Move Over", einer ihrer ganz großen Klassiker!

Janis Joplin: Move Over

Der vierte in diesem unfreiwilligen Bunde des Clubs 27 wurde *Jim Morrison*, Sänger
der 1965 in Los Angeles gegründeten *Doors*, die sich mit ausgedehnten
Instrumentalsoli und dem Charisma ihres Frontmanns rasch von einer Clubband
in den Olymp des Rock hochspielten. Tourstress und hohe Erwartungen setzten
dem abseits der Bühne eher introvertierten, sensiblen *Morrison* stärker zu als nach
außen hin spürbar; Drogen und Alkohol sowie diverse Medikamente dienten lange
als trügerische Rettungsanker – bis zum Herzstillstand am 3. Juli 1971.
Zwanzig Jahre später hat Hollywood dem Sohn eines Admirals der US-Marine,
der in seiner Kindheit unter dessen extrem strenger Erziehung zu leiden hatte, ein
beeindruckendes Leinwand-Denkmal gesetzt: Die lasziv provozierende
Bühnenshow von *Jim Morrison* wurde 1991 von *Val Kilmer* herausragend imitiert –
Regie bei diesem Biopic führte kein Geringerer als
Oliver Stone.
Hier sind *Ray Manzarek* an den Tasten, *Robbie*
Krieger an der Gitarre und Schlagzeuger *John*
Densmore gemeinsam mit *Jim Morrison* und ihrem
„Light My Fire", aufgenommen am 5. Juli 1968 im
Hollywood Bowl.

Doors: Light My Fire

Jim Morrison, der auch als Lyriker und Drehbuchschreiber anerkannt sein wollte,
sah sich zu Lebzeiten ja diversen Anfeindungen ausgesetzt: So gingen im Jahr
1969 in Miami 30.000 Menschen auf die Straße, um gegen die in ihren Augen
obszöne Bühnenshow von *Morrison* zu demonstrieren. Im Frühjahr 1971 hatte er
sich eine Auszeit von den *Doors* erbeten, um zu schreiben, einen Lyrikband
herauszugeben und einen Film zu drehen, doch dazu kam er nicht mehr:
Am 3. Juli 1971 (also auf den Tag genau zwei Jahre nach *Brian Jones)* starb er in
einem Pariser Luxusappartement.

Wahrscheinliche Ursache für den attestierten Herzstillstand war eine Überdosis Heroin, die er als Mittel gegen seine Atembeschwerden geschnupft haben soll. Damit war der Club 27 erst einmal komplett (der Vollständigkeit halber sei angemerkt, dass schon die schwarze Blueslegende *Robert Johnson* im Jahr 1938 mit nur 27 Jahren aus dem Leben geschieden war). *Morrisons* Grab in Paris ist noch heute ein Pilgerort für Rockfans aus aller Welt.

Die nächsten LiveRillen bringen dann mehr vom „Sound Of The Sixties" mit Liveaufnahmen von Konzerten, die rund ein halbes Jahrhundert zurückliegen.

Als stimmige Abrundung dieser Ausgabe hier noch ein paar Takte von *Jim Morrison* und den *Doors*: „When The Music's Over" – Turn Out The Lights!

Doors: When The Music's Over

Quellen:

➢ Big Brother And The Holding Company: Cheaper Thrills, 1966, LP, FAN CLUB, 1983
➢ The Doors: Live At The Bowl '68, Elektra, 2012
➢ The Doors: Absolutely Live, Do.-LP, WEA, 1972
➢ Jimi Hendrix: Jimi Plays Monterey 1967, LP, Polydor, 1986
➢ Jimi Hendrix: Isle Of Wight, LP, Polydor, 1971
➢ The Jimi Hendrix Experience: Live At Winterland, Do.-LP, Polydor, 1987
➢ Janis Joplin: Janis In Concert, Do.-LP, CBS, 1972
➢ The Rolling Stones: Got Live If You Want It!, LP, LONDON, 1967

No. 07: Sound Of The Sixties – England
Oktober 2018

Nachdem vor einem Monat bereits dem Sound der 1960er Jahre gehuldigt wurde, und zwar anhand des Clubs 27, also der früh verstorbenen Stars *Brian Jones, Jimi Hendrix, Janis Joplin* und *Jim Morrison* – sollen heute erneut die Sixties in den Blick, besser gesagt ins Ohr genommen werden, handelt es sich doch um jene Zeit, in der sich Beat und Rock endgültig als Jugendkultur etablierten und zunehmend ausdifferenzierten, was die für heute ausgewählten Konzertmitschnitte schlüssig belegen dürften.

Dabei soll es heute vor allem um den britischen Beat der 60er Jahre, die so genannte *British Invasion,* gehen, während die US-amerikanischen Bands und Künstler, vor allem auch im Folk-Bereich, und schließlich die sich abzeichnenden Entwicklungen gegen Ende des Jahrzehnts, insbesondere die härter werdende Stilistik der Rockmusik, späteren LiveRillen vorbehalten bleiben.

Zu Beginn kommen wir natürlich nicht an jener Grundfrage vorbei, die seinerzeit auch meine Jugend prägte: *Beatles oder Rolling Stones?* Damals hatte man sich als Jugendlicher klar zu entscheiden, um nicht als Weichei zu gelten - heute sehen wir das nicht mehr so verbissen und präsentieren sie beide nacheinander.

Zunächst die *Beatles*, mitgeschnitten 1965 im *Hollywood Bowl* und erst 2016 auf Platte veröffentlicht, mit den Titeln „Ticket To Ride" und „Can't Buy Me Love", danach dann die *Rolling Stones* von ihrer ersten offiziellen, im Jahr 1967 erschienenen Liveplatte „Got Life If You Want It!" ebenfalls im Doppelpack mit „Have You Seen Your Mother, Baby, Standing In The Shadow?" und natürlich mit „Satisfaction".

Beatles: Ticket To Ride / Can't Buy Me Love

Rolling Stones: Have You Seen Your Mother, Baby, Standing In The Shadow? / Satisfaction

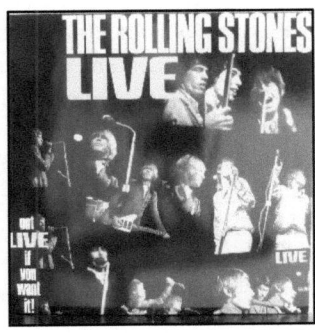

In den USA wurde die Beatmusik aus der Alten Welt spätestens 1964/65 tatsächlich als eine überfallartige kulturelle Invasion wahr- und aufgenommen (es dauerte ja eine ganze Zeit, bis die Begeisterung aus Europa dorthin überschwappte).

Da kochte in Großbritannien längst die Jugendszene, ganz gleich, ob sich die Musik nun aus dem Mersey-Beat mit Skiffle-Einflüssen a la *Beatles* speiste oder eher – wie bei den *Rolling Stones* – der schwarze Rhythm&Blues Pate stand, der auf US-amerikanischen Schallplatten von *Chess Records, Blue Lake Records* oder *United Records* den Weg nach England gefunden hatte.

Etliche wegweisende britische Band werden wir im Folgenden hören, darunter die *Kinks*, die *Hollies, The Who* und *Cream*, die *Small Faces* oder *Pink Floyd*.

Starten will ich mit den *Kinks* (vom englischen *kinky* für *abartig, schrullig, versaut* abgeleitet). Bereits 1963 in London von den Brüdern *Dave* und *Ray Davies* gegründet, gehören sie inzwischen zu den dienstältesten Rockbands weltweit, denn es gibt sie tatsächlich immer noch – in diesem Sommer (2018) war zu vernehmen, dass die älter gewordenen Barden mal wieder im Studio an einer neuen Scheibe basteln.

Das jugendliche Publikum liebte sie vor allem wegen ihrer satirischen, teils ätzenden Texte, mit denen sie (ganz ihrem Namen treu) vor allem die britische Mittelschicht aufs Korn nahmen, egal ob als „Dandy", als „Dedicated Follower Of Fashion" oder als User einer „Partyline". Musikalisch schafften sie den Spagat zwischen einprägsamen Ohrwürmern a la „Waterloo Sunset", deren Süße allerdings auch häufig ironisch gemeint ist, und härteren Riffs wie bei „You Really Got Me", womit sie nicht unwesentliche Wegbereiter des 80er-Jahre-Punks in

England wurden. Hier zwei Stücke von ihrer 1967 erschienenen Konzertplatte „Live At Kelvin Hall": „Sunny Afternoon" und „Dandy". Beide Titel waren 1966 wochenlang in den britischen, deutschen und österreichischen Charts vertreten – „Sunny Afternoon" stand in England auf Platz 1, „Dandy" fast zur selben Zeit in Deutschland an der Spitze.

Kinks: Sunny Afternoon / Dandy

Zeitweise mehr Chartplatzierungen als die *Beatles* zu haben, das gelang nicht vielen – ihnen schon: den *Hollies*, die sogar schon Weihnachten 1962 in Manchester gegründet wurden und in gewisser Weise als sauberer, smarter Gegenentwurf zu den *Kinks* gelten können. Und auch die gibt es noch immer – ich habe sie im Frühsommer (2018) in Jena live erlebt, und ich muss sagen, sie klingen noch genauso wie vor einem halben Jahrhundert, auch wenn von der damaligen Besetzung nur noch Schlagzeuger *Bobby Elliot* und Gitarrist und Sänger *Tony Hicks* dabei sind. Zu Beginn gehörte ja sogar *Graham Nash* zum Quintett, der nach seinem Weggang 1968 zu *Crosby, Stills & Nash* stimmlich durch *Terry Sylvester* von den *Swinging Blue Jeans* ersetzt wurde, der wiederum 1981 die Band verließ.

Zu ihren Hits zählten übrigens auch einige bekannte Coversongs – beispielsweise „Blowin' In The Wind" von *Bob Dylan* oder „Sandy" vom Boss *Bruce Springsteen*. Liveaufnahmen der *Hollies* aus den 1960er Jahren gibt es leider nicht, allerdings eine Platte mit Live-Hits, die 1976 erschienen ist. Und da spielen sie natürlich auch ihre älteren Stücke. Zwei davon habe ich für diese LiveRillen ausgewählt: „I Can't Tell The Bottom From The Top", eine sanfte Ballade aus dem Jahr 1970, und der melodische Hit „Bus Stop", der 1966 sowohl in England als auch in den USA bis auf Platz 5 der Charts geklettert war.

Hollies: I Can't Tell The Bottom From The Top / Bus Stop

So viel von den *Hollies* – weiter geht's im britischen Beat-Kosmos der Sixties mit einer der einflussreichsten Bands jener Jahre – schlicht betitelt mit *The Who*. Durch mindestens zwei Leistungen sind sie untilgbar in die Rockgeschichte eingeschrieben: die erste echte Rock-Oper „Tommy" und die perfekt gestotterte Hymne einer ganzen Generation, die auch noch genau so heißt: „My Generation"! Die hören wir natürlich gleich – vorher noch ein paar Worte zu *The Who*. 1965 von *Pete Townshend* / Gitarre, *Roger Daltrey* / Gesang, *John Entwistle* / Bass und *Keith Moon* am Schlagzeug gegründet, hatten sie sofort mit dem rüden Generationssong überwältigenden Erfolg. Sie waren in *Monterey* dabei, in *Woodstock* und beim *Isle Of Wight-Festival;* ihre wüsten Zerstörungsorgien auf der Bühne sind legendär. Und sie hatten eine ganze Reihe formidabler Hits, die wesentlich tiefer gingen als die doch eher oberflächlich heiteren Stücke der *Hollies*. Genannt seien „Happy Jack", „Substitute", „Pictures Of Lily" oder „I'm A Boy", bevor insbesondere *Pete Townshend* die Dreiminuten-Songs vom Fließband zu simpel wurden und der szenische Songzyklus „Tommy" die Popwelt für immer veränderte. Noch heute gehören Titel wie „Acid Queen", „I'm Free" oder „Pinball Wizard" zum Besten, was die 60er Jahre an Musik hervorgebracht haben. Ob *The Who* heute noch aktiv sind, lässt sich so genau gar nicht sagen: *Keith Moon,* der Schlagzeuger, starb ohnehin bereits 1978 an einer Überdosis; für ihn spielte bei Konzerten dann der Ex-*Small-Faces*-Drummer *Kenny Jones* und noch später sogar *Zak Starkey*, der Sohn des *Beatles*-Schlagzeugers *Ringo Starr*. *Pete Townshend* ist inzwischen fast taub, *Roger Daltreys* Stimme erreicht nicht mehr die einstigen Höhen, und auch Bassist *John Entwistle* hat 2002 bereits das Zeitliche gesegnet. Dennoch sei auf das großartige Konzert verwiesen, das das verbliebene *The Who*-Duo im Sommer 2015 mit Verstärkung von *Zak Starkey,* dem Bassisten *Pino Palladino,* zwei Keyboardern und Petes jüngerem Bruder *Simon Townshend* an der zweiten Gitarre im Londoner *Hyde Park* gab und das als Dreifach-Vinyl-Album bestens dokumentiert ist.

Weg also mit den trüben Gedanken – hier sind *The Who* zunächst mit zwei Stücken des erst in diesem Jahr erschienenen Dreifach-Albums „Live At The Fillmore East" – dortselbst am 6. April 1968 aufgenommen: „I Can't Explaine" und „Happy Jack". Gleich im Abschluss gibt's dann die 14einhalb- minütige Fassung von „My Generation" von ihrer LP „Live At Leeds", die 1970 erschienen ist.

The Who: I can't Explaine / Happy Jack / My Generation

Beim musikalischen Aufbruch der 1960er Jahre in Großbritannien darf eine Band nicht fehlen, die – einige werden sich erinnern – bereits im Mittelpunkt meiner allerersten LiveRillen im April 2018 stand: die erste Supergroup der Rockgeschichte namens *Cream* (siehe S. 5)! Bassist *Jack Bruce*, Gitarrist *Eric Clapton* und Schlagzeuger *Ginger Baker* hatten sich zuvor bereits in anderen Bands als herausragende Solisten ihre musikalischen Sporen verdient, bevor sie sich Mitte 1966 in London zusammenrauften und zweieinhalb Jahre lang mit ihren ausufernden Improvisationen und ihrem kraftvollen Groove einen dauerhaften Platz im Rockolymp erarbeiteten. Vor 25 Jahren wurden sie denn auch angemessen in die *Rock and Roll Hall of Fame* aufgenommen.

Hier sind *Cream* mit zwei Stücken aus ihren Abschiedskonzerten, die sie Ende 1968 in der Londoner *Royal Albert Hall* gaben: Zunächst „Rollin' And Tumblin'" als Verbeugung vor *Muddy Waters*, einem der wichtigsten schwarzen Bluesmusiker,

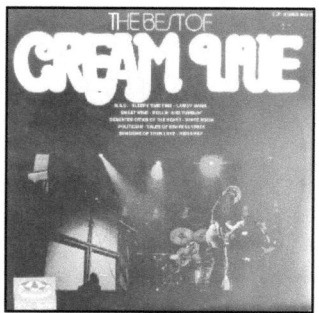

von dem insbesondere *Claptons* Gitarrenspiel beeinflusst wurde, und anschließend dessen Komposition „Tales Of Brave Ulysses" – angeregt durch den altgriechischen Odysseus-Mythos und insbesondere durch den Einsatz des Wah-Wah-Pedals auch musikalisch durchaus interessant.

Cream: Rollin' And Tumblin' / Tales Of Brave Ulysses

Ein stilistisches Kontrastprogramm zu diesem hochenergetischen, von der individuellen Klasse der Solisten getragenen Bluesrock boten die Jungs von *Amen Corner* – und das durchaus erfolgreich: 1966 gründeten sieben Schulfreunde eine Band in Cardiff, und fast über Nacht gelang es ihnen, im beatbegeisterten Heimatland Fuß zu fassen. Nicht zuletzt dank einer cleveren Mediennutzung – so hatten sie von Beginn an einen Fuß in der Tür zum Fernsehen und bald sogar eine eigene Fernsehshow. Sie bewohnten gemeinsam ein geräumiges Landhaus, ließen sich gern in ihren Luxuslimousinen ablichten und platzierten ansonsten eine ganze Reihe von Ohrwürmern in den Charts.

Zumindest einer davon gehört zum ultimativen Soundtrack der Sixties: „(In Paradise Is) Half As Nice". Den hören wir gleich, live aufgenommen im Jahr 1969, davor einen weiteren Hit von *Amen Corner*: „Bend Me, Shape Me".

Amen Corner: Bend Me, Shape Me / Half As Nice

Andy Fairweather, der Sänger von *Amen Corner*, hat sich aber auch nach dem 1971 verkündeten Ende der Band weiter gut im Popgeschäft behauptet – er hat live mit *Dave Edmunds, Gerry Rafferty* und *The Who* gespielt, zeitweise eine eigene Band gegründet und war am *Roger-Waters*-Projekt „The Wall" 1990 in Berlin ebenso beteiligt wie an *Eric Claptons* legendärem Unplugged-Album von 1992.

Nun zu einer britischen Band, die ebenfalls lange nachwirkende Spuren hinterlassen hat – die *Small Faces*. Ähnlich wie *The Who* vertraten sie die Jugendkultur der *Mods*, also extrovertierte, modebewusste Mittelklasse-Jungs mit einem gehörigen Schuss Arroganz, um sich von den Rockern des Proletariats abzugrenzen, wobei hier wohl die ästhetische Stilisierung im Vordergrund stand gegenüber dem ideologischen Klassen- oder Straßenkampf.

1965 in London gegründet, gelangen Gitarrist und Sänger *Steve Marriott, Kenny Jones* am Schlagzeug, Bassist *Ronnie Lane* und Keyboarder *Ian McLagan* bis 1969 etliche Hits wie „Itchicoo Park", „Here Comes The Nice", „Lazy Sunday", „Little Tin Soldier" und „All Or Nothing". Zudem hatten sie das Glück, regelmäßig von der BBC zu so genannten Livesessions eingeladen zu werden. Mehrere dieser Live-Einspielungen ohne Publikum sind kürzlich vom DECCA-Label veröffentlicht worden – daraus spiele ich jetzt drei Titel der *Small Faces*, aufgenommen für den Saturday Club der BBC am 3. August 1966: „You'd Better Believe It",

„Understanding" und „All Or Nothing". Ich habe zwar auch eine „echte" Liveplatte der *Small Faces* von 1968 im Regal stehen, aber da hört man leider nur ein kreischendes Publikum und wenig von der Musik… Und die soll ja in den LiveRillen durchaus im Vordergrund stehen!

Small Faces: You'd Better Believe It / Understanding / All Or Nothing

Steve Marriott, der nur einssechzig kleine Frontmann der Band, hatte 1969 Lust auf was Neues und kehrte den *Small Faces* den Rücken – dazu gleich mehr. Der Rest der Band verabschiedete sich vom *SMALL* im Namen, und mit den Neuzugängen

Rod Stewart am Mikrofon und dem Gitarristen *Ron Wood* waren die *Faces* noch einige Jahre erfolgreich, bevor *Rod Stewart* sich zur Solokarriere entschloss und *Ron Wood* bei den Stones anheuern durfte. Was aber wurde aus *Steve Marriott*? Der gründete mit anderen Musikern bekannter Bands die Gruppe *Humble Pie* – mit dabei zum Beispiel *Peter Frampton*, der von *Herd* kam, oder *Greg Ridley*, zuvor Bassgitarrist bei *Spooky Tooth*.

Den Übergang von den 60er zu den 70er Jahren schafften sowohl *Humble Pie* als auch die *Faces* ganz souverän – beide prägten die ersten Jahre des neuen Jahrzehnts musikalisch entscheidend mit. Kennzeichnend für *Humble Pie* war eine etwas härtere Gangart durch die doppelt besetzte Leadgitarre; bei den *Faces* dominierte neben *Ron Wood* das unverwechselbare Organ von *Rod Stewart*. Dafür jetzt jeweils ein Beispiel, obwohl es streng genommen ja schon nicht mehr die *Sixties* sind, aber dort haben beide Bands ihre

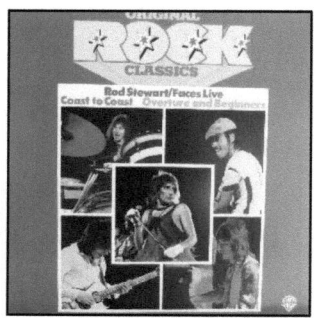

Wurzeln. Zuerst *Humble Pie* – live im New Yorker *Fillmore East* 1971 – mit „Stone Cold Fever", danach die *Faces* mit „Stay With Me", getragen von *Ron Woods* Slideguitar und dem hämmernden Pianospiel von *Ian McLagan*, aufgenommen während einer Amerika-Tour im Oktober 1973.

Humble Pie: Stone Cold Fever | Faces: Stay With Me

Von den *Small Faces* zu *Humble Pie* und den *Faces* – musikalisch spannende Entwicklungswege am Ende der 1960er Jahre, die im Mittelpunkt der heutigen LiveRillen standen.

Die nächste Ausgabe der LiveRillen wird sich ausschließlich einem 30 Jahre zurückliegenden Konzertereignis widmen: Im November 1988 gab es innerhalb einer Woche sieben Konzerte in sieben britischen Städten von Bristol bis London, die als „Night Of The Guitar" in die Musikgeschichte eingegangen sind. Mit dabei waren unter anderem solche Saitenzauberer wie *Alvin Lee, Randy California, Leslie West* oder *Ted Turner*. Also - freut euch drauf!

Zum Abschluss der heutigen Sendung nun noch eine Band, deren ganz große Zeit erst in den 70ern anbrechen sollte: *Pink Floyd*. Immerhin schon 1965 von *Syd Barrett, Roger Waters, Nick Mason* und *Rick Wright* in Cambridge gegründet, hatten sie sich besonders durch ihre elektronischen Experimente, ihre überlangen Soundcollagen und eine für die damalige Zeit gigantische Lichtshow schon zwei, drei Jahre später einen gewissen Insider-Kultstatus erspielt, und mit dem Gitarristen *David Gilmore*, der 1968 den drogenabhängigen *Syd Barrett* ersetzte, kam dann auch der kommerzielle Erfolg. 1969 erschien ihr Doppelalbum „UMMAGUMMA", eine Platte davon ist live eingespielt, und mit „Set The Controlls For The Heart Of The Sun" von *Pink Floyd* sage ich für heute Danke fürs Zuhören…

Pink Floyd: Set The Controlls For The Heart Of The Sun

Quellen:

- ➤ Amen Corner: The National Welsh Coast Live Explosion Company, LP, LINE, 1983
- ➤ The Beatles: Live At The Hollywood Bowl 1964/65, LP, Apple/Universal, 2016
- ➤ Cream: The Best Of Cream Live, Do.-LP, Karussell, 1972
- ➤ Faces: Live / Coast To Coast / Overture And Beginners, LP, Warner, 1973/1976
- ➤ Hollies: Live Hits, LP, Polydor, 1976
- ➤ Humble Pie: Performance / Rockin' The Fillmore, Do.-LP, A&M, 1971
- ➤ The Kinks: Live At Kelvin Hall, LP, Ariola, 1967
- ➤ Pink Floyd: UMMAGUMMA, Do.-LP, EMI, 1969
- ➤ The Rolling Stones: Got Live If You Want It!, LP, LONDON, 1967
- ➤ Small Faces: In Session At The BBC 1965 – 1966, LP, DECCA, 2017
- ➤ The Who: Live At Leeds, LP, Polydor, 1970
- ➤ The Who: Live At The Fillmore East 1968, 3-LP-Set, Polydor, 2018

No. 08: 30 Jahre Night Of The Guitar
November 2018

Heute widmet sich der analoge Hörgenuss im digitalen Zeitalter ausschließlich einem einzigen Event, das ziemlich genau 30 Jahre zurückliegt: Ende November 1988 lockte die „Night Of The Guitar"-Tour etliche tausend Besucher in die Konzerthallen von Bristol, Bradford, Newcastle, Edinburgh, Liverpool, Manchester und London.

Die Idee zu diesem gitarristischen Gipfeltreffen hatte ein gewisser *Miles Copeland* – der 1944 in London geborene Sohn des Jazztrompeters *Miles Copeland Jr.*, der lange gemeinsam mit *Glenn Miller* auf der Bühne stand, war zu diesem Zeitpunkt einer der einflussreichsten Musikmanager im Rock-Business: Er hatte *Police* in den 80er Jahren an die Spitze geführt, zuvor *Wishbone Ash* betreut, die *Climax Blues Band* oder *Curved Air* unter Vertrag gehabt. Zudem machte sich *Copeland* auch im Filmgeschäft mit erfolgreichen Produktionen einen guten Namen.

Mit der „Night Of The Guitar" erfüllte er sich schließlich einen eigenen Traum, indem er Gitarristen jener Bands, mit denen er selbst zusammengearbeitet hatte, mit weiteren Saitenzauberern zusammen auf die Bühne stellte – jeweils mit einem eigenen Set und auch etlichen gemeinsamen Session-Momenten.

Das Konzept ging voll auf – den Beteiligten machte das gemeinsame Musizieren hörbar Spaß, und so ist das seinerzeit mitgeschnittene Doppelalbum ein absolut hörenswertes Konzertdokument, das die heutige LiveRillen-Sendung dominiert. Alle vier LP-Seiten ergeben rund 80 Minuten Musik – da muss ich mich heute mit Wortbeiträgen also kurz fassen.

Starten wir mit der A-Seite – nach kurzer Begrüßung durch *Miles Copeland* steht

zunächst *Pete Haycock* im Mittelpunkt, der 2013 im Alter von nur 62 Jahren verstorbene Gitarrist der *Climax Blues Band*. Seiner furiosen Instrumentalkomposition „Dr. Brown I Presume" (also Dr. Brown, ich vermute mal...) folgen zwei Titel gemeinsam mit *Steve Hunter*, der unter anderem mit *Alice Cooper, Lou Reed, Jack Bruce, Aerosmith* oder *Peter Gabriel* gearbeitet hat. Zunächst spielen sie „The Idler" von *Steve Hunter* – der Faulenzer und Tagedieb also; das

Stück war gerade auf *Hunters* Soloplatte „The Deacon" erschienen. Danach „Lucienne", eine *Pete-Haycock*-Komposition. Und den ersten Konzertabschnitt beendet *Steve Hunter* dann gemeinsam mit *Randy California*, dem leider auch schon lange verstorbenen *Spirit*-Gitarristen, dessen Karriere Mitte der 1960er Jahre gemeinsam mit *Jimi Hendrix* begann. „Groove Thing" ist ein Stück aus der Feder – oder besser den Saiten – von *Randy California*.

Hier sind 20 Minuten Musik aus der *Nacht der Gitarre und der Gitarristen,* vor 30 Jahren zweifellos *das* Konzertereignis des Jahres in Großbritannien!

Pete Haycock: Dr. Brown I Presume
Steve Hunter: The Idler
Pete Haycock: Lucienne
Randy California: Groove Thing

Bevor *Randy California* den zweiten Konzertabschnitt mit seiner Reminiszenz an den von *Jimi Hendrix* zum Rock-Klassiker erhobenen Folksong „Hey Joe" (mitunter wird auch der kalifornische Folksänger *William „Billy" Roberts jr.* als Komponist genannt) einleitet, ein paar Worte zur Begleitband dieser herausragenden Gitarristen, die *Miles Copeland* für diese Konzerttour zusammengestellt hatte: Am Bass *Derek Holt,* Gründungsmitglied der *Climax Blues Band,* Keyboards spielt *Livingston Brown,* der unter anderem schon für *Phil Manzanera, Jan Akkerman, Tina Turner, Bryan Ferry* oder *Robin Trower* die Tasten gedrückt hatte. Ebenfalls an Orgel und Piano *Chris Bucknell,* sessionerfahren in diversen Bands, und am Schlagzeug *Clive Mayuyu,* der ebenfalls mit *Phil Manzanera* auf Tour und im Studio war und später auch für *Nina Hagen* getrommelt hat. Eine illustre Musikerschar also, die das Fundament für die gitarristischen Höhenflüge der eingeladenen Stars lieferte.

Im zweiten Teil der „Night Of The Guitar" spielt nach dem schon genannten *Randy California* zunächst der ex-*Doors*-Gitarrist *Robbie Krieger* gemeinsam mit *Steve Hunter* den *Doors*-Klassiker „Love Me Two Times".

Dann Szenenwechsel: Mit *Ted Turner* und *Andy Powell* kommen die beiden *Wishbone-Ash*-Gründer auf die Bühne, die bei Ash mit ihrem perfekten zweistimmigen Melodiespiel jenen Twin-Guitar-Sound geprägt haben, der die Band trotz wechselnder Besetzungen bis heute auszeichnet. Zu diesem Zeitpunkt spielten beide ansonsten schon längst nicht mehr zusammen; hier aber zelebrieren sie gemeinsam ihr legendäres Meisterstück „The King Will Come".

Dass *Wishbone Ash* noch eine eigene LiveRillen-Sendung bekommen, sei hier schon mal versprochen (das eingelöste Versprechen ab S. 110).

Die B-Seite des Doppelalbums beschließt *Leslie West* von *Mountain* mit dem Thema eines imaginären Westerns: „Theme From An Imaginary Western" – eine Komposition übrigens von *Jack Bruce*, hier bei der „Night Of The Guitar" im November 1988.

Randy California: Hey Joe
Robbie Krieger: Love Me Two Times
Wishbone Ash: The King Will Come
Leslie West: Theme From An Imaginary Western

Leslie West, der 1945 geborene *Mountain*-Gitarrist, ist heute zumindest bei Konzerten in den USA noch immer aktiv, obwohl ihm wegen einer lebensgefährlichen Diabetes-Erkrankung vor einigen Jahren das rechte Bein unterhalb des Knies amputiert werden musste. (Anmerkung: Am 23. Dezember 2020 ist *Leslie West* an den Folgen seiner schweren Krankheit verstorben).

Hier hören wir ihn als Opener für die dritte Plattenseite des Doppelalbums „Night Of The Guitar" mit „Never In My Life", einem kraftvollen Bluesrock aus alten *Mountain*-Zeiten.

Nach ihm betritt mit *Steve Howe* einer der bekanntesten Progrock-Gitarristen die Bühne, die Bandnahmen *Yes* und *Asia* sagen da wohl alles. Sein Gitarrenspiel aber ist wesentlich vielfältiger und unter anderem auch von Folk und Country beeinflusst, wie man bei seinem Kabinettstückchen „Clap Medley" unschwer heraushören kann.

Danach spielen *Steve Howe* und *Pete Haycock* gemeinsam das Instrumental „Wurm". Tja, und dann vielleicht der Höhepunkt dieser „Night Of The Guitar", auch wenn es schwerfällt, unter diesen vielen herausragenden Gitarrenkünstlern einen hervorzuheben.

Auf jeden Fall ging die Post unheimlich ab, als *Alvin Lee* die Bühne betrat. Der Mastermind von *Ten Years After* brilliert zunächst ebenfalls mit einem Instrumental: „No Limit" – keine Grenzen – heißt die Komposition aus der eigenen Feder; der Titel lässt sich zweifellos auf die Fähigkeiten des extrem fingerflinken Gitarristen übertragen…

Leslie West: Never In My Life
Steve Howe: Clap Medley
Steve Howe / Pete Haycock: Wurm
Alvin Lee: No Limit

Die Night-Of-The-Guitar-Konzerte wurden
übrigens nicht nur für das gleichnamige
Doppelalbum mitgeschnitten, sondern auch per
Kamera aufgezeichnet – die DVD ist im Handel
erhältlich, und Ausschnitte des Konzertes stehen
auf *Youtube* zur Verfügung – wenn auch vielleicht nicht so ganz legal…
Das Doppelalbum ist dagegen ganz legal bei *I.R.S. Records* erschienen; jenem
Label, das *Miles Copeland*, Bruder des Police-Drummers *Stewart Copeland* und
Manager von *Police* und später von *Sting*, gemeinsam mit Freunden aus der
Musikbranche 1979 gegründet hatte, um jungen Wave-Musikern abseits des
Mainstreams eine unabhängige Publikationsmöglichkeit zu bieten. Bands wie
R.E.M., Wall Of Voodoo oder die *Fine Young Cannibals* nutzten das in den 1980er
Jahren gern.

Kommen wir nun zum Abschluss des Konzertereignisses: Die Seite 4 des
Doppelalbums vereint alle Beteiligten zu einem Rock'n'Roll-Medley, bei dem die
Klassiker „Whole Lotta Shakin'", „Dizzy Miss Lizzie", „Johnny B. Goode",
„Rock&Roll Music" und „Bye Bye Johnny Bye Bye" erklingen.
Bevor die Künstler jedoch *Bye, Bye* sagen, intonieren sie gemeinsam den *Bob-Dylan-*
Klassiker „All Along The Watchtower" – genau ein Jahr später wird die Berliner
Mauer fallen und damit auch so mancher Beobachtungsturm. Die Gitarrenparts
spielen hier *Steve Howe, Andy Powell, Randy California, Pete Haycock* und *Robbie Krieger*,
und ganz ehrlich: So gut die *Hendrix*-Version des *Dylan*-Titels auch ist, hier wird
man den *größten Gitarristen aller Zeiten* (laut Bestenliste des *Rolling Stone*) kaum
vermissen.

Den Auftakt zu diesem letzten Konzertabschnitt vollzieht aber zunächst *Alvin Lee*
mit seinem Instrumental „Ain't Nothin' Shakin'", und wer da genau hinhört, wird
die eingestreute Reminiszenz an *Eric Clapton* und den *Cream*-Klassiker „Sunshine
Of Your Love" entdecken können. Und das waren dann auch die November-
LiveRillen in Erinnerung an 30 Jahre „Night Of The Guitar".

Alvin Lee: Ain't Nothin' Shakin'
Diverse: All Along The Watchtower
Diverse: Rock'n'Roll-Medley

In der nächsten LiveRillen-Ausgabe in einem Monat wird es mitten im Advent entsprechend akustisch und stimmungsvoll zugehen mit Ausschnitten aus Konzerten diverser Folk-Bands und stilistisch verwandter Künstler, von den *Chieftains* und *Clannad* über die *Dubliners* oder *Flairck* aus den Niederlanden bis zu *Lindisfarne, Peter, Paul & Mary,* den *Ofarims,* den *Seekers* oder dem *Sir-Douglas-Quintett* und *Steeleye Span* – wie immer alles direkt vom Plattenteller abgedreht. Und zu dieser Musik kann man dann durchaus auch die Kerzen anzünden.

Quellen:

➢ Night Of The Guitar – Live!, Do.-LP, IRS Records, 1989

No. 09: Folk & Verwandtes

Dezember 2018

Heute wird es – passend zur besinnlichen Adventszeit – etwas ruhiger zugehen als in den letzten Sendungen: Folk & Verwandtes steht auf dem Programm, und weil auch da die stilistische Vielfalt groß ist, verspreche ich eine durchaus abwechslungsreiche Doppelstunde mit zahlreichen Konzertleckerbissen der internationalen Folk-Szene.

Gleich zu Beginn jene Formation, die mit Recht für den Folk als das gelten kann, was die Beatles für die Popmusik waren: Die *Dubliners*. 1962 von *Ciaron Burke, Barney McKenna, Ronnie Drew* und *Luke Kelly* gegründet, erschien 1964 ihre erste, im Studio vor Publikum live eingespielte Platte: „The Dubliners In Session". Mit Gitarre, Banjo, Mandoline, Tin Whistle und Akkordeon waren sie vor allem verantwortlich für den Aufschwung, den Irish Folk in den 1970er Jahren nehmen sollte, und obwohl alle Gründungsmitglieder der *Dubliners* längst verstorben sind, hat ihr Gruppenname noch immer einen fast heiligen Klang in der Szene. Hier sind drei Titel am Stück von ihrem live aufgenommenen Debütalbum:

Dubliners: The Holy Ground / Tramps and Hawkers / Home Boys Home

Zu den Gruppen, die von der *Dubliners* inspiriert wurden, zählen auf jeden Fall die *Chieftains*, wobei die Inspiration wohl durchaus eine wechselseitige war: Ebenfalls 1962 gegründet, spielten die *Chieftains* ihr erstes Album als Quintett ein, in dessen Zentrum der kaum einssechzig große Tin-Whistle-Spieler *Paddy Moloney* stand, der auch meisterlich den irischen Dudelsack bediente. Später dann wuchs die Gruppe zum Septett – in dieser Besetzung erschien 1977 ihr erstes Live-Album.

Was sie von den *Dubliners* deutlich unterschied, war ihr rein instrumentaler Stil – dennoch waren die Konzerte ausgesprochen unterhaltsam durch *Moloneys* launige Moderation und dank der Rhythmen, bei denen jeder Körperteil irgendwie in Bewegung gerät. Sehr schön zu hören bei diesem Ausschnitt ihres Livealbums.

Chieftains: Morning Dew / George Brabazon / Kerry Slides

Irish Folk mit den *Chieftains*, einer der bekanntesten irischen Folkbands, die unter anderem im Laufe ihrer langen Karriere mit *Van Morrison, Elvis Costello, Sting, Mark Knopfler* und selbst den *Rolling Stones* zusammengearbeitet haben! Insgesamt gabs sechs Grammys für die Iren, und 1975 gewannen die *Chieftains* sogar einen Oscar für „Women Of Ireland" in Stanley Kubricks Film „Barry Lyndon".

Und auch das ist Irish Folk: Die Gruppe *Clannad* – in meinem Plattenregal steht sie tatsächlich unmittelbar neben den *Chieftains*. *Clannad* zählen zu den kommerziell erfolgreichsten Folkbands, was nicht zuletzt an der Sängerin *Enya* liegen dürfte, die eine Zeitlang als Keyboardspielerin zu *Clannad* gehörte, sich dann aber doch für eine Solokarriere entschied.

Um 1970 herum entstand die Gruppe zunächst als Familienformation des *Brennan*-Clans im irischen County Donegal; zahlreiche Chart-Platzierungen, Platten mit Gold- und Platinstatus und einige Grammy-Gewinne stehen auf der Haben-Seite

der Gruppe. Von ihrer 1978er Konzerttournee durch die Schweiz wurde 1979 das Album „Clannad In Concert" gepresst, aus dem nun ebenfalls drei Titel am Stück erklingen: „O Bhean A 'Ti", „Fairies Hornpipe / Off To California" sowie „Neansai Mhile Gra".

Clannad: O Bhean A 'Ti / Fairies Hornpipe + Off To California / Neansai Mhile Gra

Soweit also der heutige Ausflug in die irische Folkszene der 1960er und 70er Jahre mit den *Dubliners*, den *Chieftains* und *Clannad*. Nun der Sprung hinüber nach Großbritannien mitten hinein ins britische Folkrevival mit zwei Gruppen, die es wesentlich geprägt haben: *Fairport Convention* und *Lindisfarne*. Und damit wird der Folk nun auch etwas elektrischer, wie gleich zu hören sein wird…

Fairport Convention gründeten sich 1966 in London, und die Gruppe hat in den Jahrzehnten ihres Bestehens derartig viele Personalwechsel vollzogen, dass es schier unmöglich ist, von einer Stammbesetzung zu sprechen, mal vom Gitarristen und Sänger *Simon Nicol* abgesehen, der so etwas wie das Gravitationszentrum der

Fairport Convention war. Die Londoner TIMES würdigte die Gruppe als „Synonym für britischen Folk-Rock" – sie hätten ihn erfunden und hielten ihn seitdem am Leben. In der Frühphase geprägt von den weiblichen Stimmen einer *Judy Dyble* oder *Sandy Denny*, traten *Fairport Convention* später zumeist in rein männlichen Quintett-Besetzungen auf.

Titel von *Bob Dylan* gehörten ebenso zum Repertoire wie altenglische Trinklieder, und die Eigenkompositionen fügten sich nahtlos ein – das passte ebenso auf das Dorffest in der englischen Provinz wie ins Londoner Marquee! Erstaunlich, wie gut und erfolgreich die *Fairports* diesen Spagat hinbekommen haben. Ich spiele von ihrer 1987 erschienenen Liveplatte „In Real Time" die Stücke „Reynard The Fox" und „The Widow Of Westmorland's Daughter" – ein durchaus für sich sprechender Titel.

Gleich danach *Lindisfarne*, zu denen ich dann noch einiges erzählen werde, mit dem Traditional „Bye-Bye Birdie" und „Train in G-Major" – britischer Folkrock der 1970er Jahre mit hörbarem Blueseinschlag.

Fairport Convention: Reynard The Fox / The Widow Of Westmorland's Daughter
Lindisfarne: Bye-Bye Birdie / Train in G-Major

Lindisfarne hatten sich in den späten 1960er Jahren in Newcastle gegründet und galten nach ihrem Umzug ins Swingin' London dem *Melody Maker* Anfang der 70er als beste britische Newcomer-Band. Ihr Stil wurde entscheidend durch den Songschreiber, Gitarristen und Sänger *Alan Hull* geprägt, dessen klare Melodien und eingängige Harmonien rasch für Erfolg sorgten. Seine „Lady Eleanor" wurde 1972 in England zur besten Single des Jahres gewählt.

Danach zerfiel der *Lindisfarne*-Stamm zeitweise in zwei konkurrierende Projekte, doch Ende der 70er raufte man sich wieder zusammen und hielt die Band bis zum frühen Tod von *Alan Hull*, der 1995 erst 50jährig an einem Herzinfarkt verstarb, am Leben.

Zur Erinnerung an *Lindisfarne* und *Alan Hull* gleich seine berühmte „Lady Eleanor", aufgenommen am 21. Dezember 1977 in der *Newcastle City Hall* für das Doppelalbum „Magic In The Air".

Zuvor aber geht's richtig hinauf nach Schottland zu *Runrig*, der 1973 gegründeten Band der Gebrüder *Rory* und *Calum McDonald*. Wenig später stießen Sänger *Donnie Munro*, Schlagzeuger *Iain Bayne* und Gitarrist *Malcolm Jones*, der auch die schottische Flöte spielt, zur Band, und die Tasten drückte mit *Peter Wishart* ein späterer Politiker der *Scottish National Party* – seit 2001 saß er für die SNP im britischen Unterhaus.

Frontmann *Donnie Munro* hatte es zwischenzeitlich auch in der Politik versucht, allerdings nicht geschafft – er stieg 1997 bei *Runrig* aus und widmete sich fortan ganz den Wurzeln der schottisch-gälischen Musiktradition.

In diesem zu Ende gehenden Jahr waren *Runrig* ja auch in Deutschland auf ihrer ultimativen Abschiedstour unterwegs und zogen noch einmal ihre treuen Fans, die *Riggies*, aus nah und fern in die Konzerthallen.

1988 erschien auf dem Höhepunkt des Erfolges das Livealbum „Once In A

Lifetime" in der originalen *Runrig*-Besetzung, und wir genießen ihren druckvollen Elektro-Folk zunächst mit ihrer Hymne „Protect and Survive" – danach Lindisfarne mit „Lady Eleanor" und schließlich noch einmal Runrig mit der Folkballade „Loch Lomond".

Runrig: Protect And Survive | Lindisfarne: Lady Eleanor | Runrig: Loch Lomond

Nachdem es eben mit *Runrig* und *Lindisfarne* ziemlich rockig geworden ist, nun wieder eine akustische Verschnaufpause, für die eine niederländische Folkband sorgt – die Gruppe *Flairck*. Ihr 1980 im *Neuen Theater Amsterdam* aufgenommenes Live-Doppelalbum fiel mir jüngst in einem Plattenladen in die Hände, und obwohl ich zuvor noch nichts von *Flairck* gehört hatte, habe ich den Blindkauf nicht bereut: ein virtuoses, äußerst differenziert musizierendes Quartett, das sich stilistisch aus Folk, Weltmusik, Klassik und Jazz speist.

Zu *Flairck* gehörten seinerzeit der Flöten- und Dudelsackvirtuose *Peter Weekers*, die Geigerin *Sylvia Houtzager* und die Brüder *Erik* und *Hans Visser* – beide im Bandgefüge sozusagen viel-saitig beschäftigt. Und *Flairck* sind natürlich in der Weltmusikszene keineswegs unbekannt – sie haben mit *George Moustaki* und *Maggie Reilly* gearbeitet und weltweit tausende Konzerte gespielt, bevor sich die Urbesetzung 2016 von der Bühne verabschiedete. Seither kann man *Flairck* in

vollkommen neuer Besetzung, aber auf unverändert hohem musikalischem Niveau erleben. Hier aus dem Jahr 1980 ein typisches Stück für das *Flairck*-Konzept, unterschiedliche musikkulturelle Einflüsse zu verschmelzen: „Voorspel In Sofia" mit durchaus interessanten musikalischen Zitaten, achtet mal drauf – hier sind *Flairck* live.

Flairck: Vorspeel In Sofia

Der nächste Musikblock der heutigen LiveRillen-
Sendung bringt Folk & Verwandtes aus Übersee
zu Gehör. Da kommen wir in den USA natürlich
nicht an *Pete Seeger* vorbei! Der politisch engagierte
Banjospieler ist 2014 kurz vor seinem 95.
Geburtstag verstorben; sein Einfluss auf die
Folkszene weltweit ist gar nicht zu überschätzen,
selbst in der DDR war der lange, schlaksige New
Yorker Barde ein gern gesehener Gast.

1975 war *Pete Seeger* mit dem fast 30 Jahre
jüngeren *Arlo Guthrie*, Sohn der Folklegende *Woody Guthrie*, auf einer umjubelten
Tour durch die Konzertsäle Nordamerikas. Aus
dem damals mitgeschnittenen Doppelalbum
„Together In Concert" spiele ich ihre Version des
Folk&Country-Klassikers „Lonesome Valley" –
das einsame Tal, das beide mit ihren so
unterschiedlichen Stimmen vortrefflich ausfüllen.
Danach *Peter, Paul & Mary*, die seit Beginn der
1960er Jahre sozusagen zum Inventar der US-
Folkszene zählten, mit dem kämpferischen *Pete-
Seeger*-Klassiker „If I Had A Hammer",
aufgenommen 1964 bei einem Konzert in Long
Beach, California. Dann noch einmal *Pete Seeger*,
diesmal im Duett mit der unvergleichlichen *Joan
Baez* im Jahr 1963 – gemeinsam singen sie den
„Riddle-Song" über die Rätsel des Lebens.

Schließlich geht's rasch weiter über den Pazifik:
die *Seekers* wurden 1963 in Australien gegründet,
ein Jahr später kam die Sängerin *Judith Durham*
zum Folk-Trio hinzu, und mit Songs von *Tom
Springfield*, dem Bruder von *Dusty Springfield*, gelang dem Quartett weltweit der
Durchbruch. 1968 erschien ihr Album „Live At The Talk Of Town", daraus der
Tom-Springfield-Klassiker "The Carnival Is Over",
später unzählige Male gecovert und dadurch
selbst sozusagen zum Volkslied geworden – hier
in der quasi Originalversion der *Seekers*.

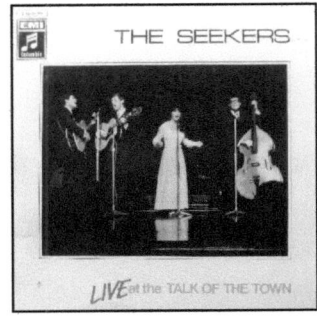

Pete Seeger/Arlo Guthrie: Lonesome Valley
Peter, Paul & Mary: If I Had A Hammer
Joan Baez/Pete Seeger: The Riddle-Song
The Seekers: The Carnival Is Over

Nach diesem Übersee-Ausflug mit *Arlo Guthrie, Pete Seeger, Peter, Paul & Mary, Joan Baez* und den *Seekers* landen wir wieder in Europa im Zentrum des britischen Folk-Revival der 1970er Jahre.

Vorhin war ja bereits einiges von *Fairport Convention* zu hören – nun noch eine Würdigung der Gruppe *Steeleye Span*, gegründet 1969 in London vom Ex-*Convention*-Bassisten *Ashley „Tyger" Hutchings*, um die traditionellen Stücke noch authentischer zu spielen. Der Erfolg ließ nach einigen personellen Wechseln nicht lange auf sich warten – insbesondere die Sängerin *Maddy Prior* und Gitarrist *Tim Hart*, die zuvor bereits gemeinsam als Folklore-Duo gearbeitet hatten, prägten das musikalische Konzept von *Steeleye Span*, das sich auch rockmusikalischen Einflüssen keineswegs verschloss.

1978 nahmen *Steeleye Span* ein Livealbum unter dem Titel „Live At Last" auf, um danach festzustellen, dass es für einen Abschied von der Bühne doch viel zu früh sei. Und so kann es auch heute noch passieren, dass *Steeleye Span* hin und wieder auf Konzertbühnen auftauchen.

Für heute war es das mal wieder. Die nächste LiveRille gibt's im Januar 2019, und ihr Motto lautet „From California To The New York Island": Es geht quer durch die USA der 1960er und 70er Jahre mit Konzertausschnitten von den *Beach Boys,* den *Byrds, Grateful Dead, It's A Beautiful Day, Commander Cody, Iron Butterfly, Jefferson Airplane* und anderen Bands der bunten Szene zwischen East- und Westcoast – wie immer auf Vinyl angerichtet und direkt vom Plattenteller abgedreht.

Zum Schluss der letzten LiveRillen-Ausgabe 2018 nun also *Steeleye Span* mit „Montrose".

Steeleye Span: Montrose

Quellen:

- The Chieftains: Live!, LP, Island Records, 1977
- Clannad: In Concert, LP, Ogham Records, 1978
- The Dubliners: In Session, LP, Hallmark/U.K., 1964
- Flairck: Live In Amsterdam, Do.-LP, Polydor, 1980
- Lindisfarne: Live, LP, Charisma, 1973
- Lindisfarne: Magic In The Air Live, Do.-LP, Mercury/Phonogram, 1978
- Runrig: Once In A Lifetime – Live, LP, Chrysalis, 1988
- Pete Seeger & Arlo Guthrie: Together In Concert, WEA/Warner, 1975
- The Seekers: Live At The Talk Of The Town, LP, EMI, 1968
- Steeleye Span: Live At Last!, LP, Chrysalis, 1978

No. 10: From California To The New York Island
USA der 60er/70er Jahre – Teil I

Januar 2019

Heute gibt's die 10. Ausgabe der LiveRillen – ein kleines Jubiläum also, über das ich mich sehr freue: Mögen noch viele Ausgaben hinzukommen mit dem analogen Hörgenuss im digitalen Zeitalter!

„From California To The New York Island" – diese Zeile aus dem wohl bekanntesten Song von *Woody Guthrie* „This Land Is My Land" – steht als Motto über der heutigen Sendung. Und damit ist klar: Es geht um die US-amerikanische Popularmusik der 1960er und 70er Jahre. Die ist schier unüberschaubar breit aufgestellt, sodass diese LiveRille natürlich nur eine schmale Schneise durch den Musikdschungel schlagen kann, und sicher wird es weitere LiveRillen-Ausgaben geben, die sich einzelnen Bands und Künstlern widmen werden.

Los geht's – dem Motto getreu – in Kalifornien. Und keine andere Boygroup der 1960er Jahre hat den frühen *Sound of California* so geprägt und stilisiert wie die *Beach Boys*.

1961 dortselbst gegründet, verkörperten sie mit ihrem ausgefeilten Satzgesang, den eingängigen Arrangements und ihren simplen Texten rund ums Wellenreiten, um schnelle Autos und hübsche Mädchen die jugendgemäße Variante des *American Way Of Life*.

Der Kopf der *Beach Boys* war auch gleichzeitig ihr größter Problemfall: *Brian Wilson*, genialer Komponist und psychisch labiles Nervenbündel. Schon 1964 schied er als aktives Bandmitglied aus (seine Brüder *Carl* und *Dennis Wilson* hielten die Familienflagge weiter hoch), *Brian* komponierte und produzierte aber weiterhin Hits am Fließband und sorgte schließlich mit der 1966 eingespielten Platte „Pet Sounds" für einen echten Meilenstein der Popmusik.

Ich habe aus meinen diversen Livealben der *Beach Boys* einige typische Stücke ausgewählt: Zunächst „Do It Again", aufgenommen bei ihrer 1970er Europa-

Tournee live in London, anschließend dann Mitschnitte aus den Jahren 72/73 von „Good Vibrations" und „Fun Fun Fun", alle Songs aus der Feder von *Brian Wilson* und *Mike Love*.

Beach Boys: Do It Again / Good Vibrations / Fun Fun Fun

Übrigens sind die *Beach Boys* immer noch auf Tour – im Juni dieses Jahres (2019) live zu erleben auf der Peißnitz-Bühne hier in Halle an der Saale, und sie klingen tatsächlich noch immer so wie vor 50 Jahren, auch wenn mit *Mike Love* und *Bruce Johnston* nur noch zwei Musiker aus der Urbesetzung dabei sind.

Wir bleiben noch an der sonnigen US-Westcoast und widmen uns nun den *Byrds*. 1964 in Los Angeles gegründet, verschmolzen sie den traditionellen Folk-Sound mit den technischen Möglichkeiten elektrifizierter Beatmusik so perfekt, dass sie die Fans beider Lager überzeugten – die sich lange unversöhnlich gegenüberstanden, man erinnere sich an das Ausbuhen von *Bob Dylan*, als der beim *Newport Folkfestival* 1965 plötzlich mit einer Fender Stratocaster auf die Bühne kam.

Apropos *Bob Dylan* – die *Byrds* hatten schon frühzeitig etliche *Dylan*-Titel mit Erfolg gecovert und hoben sich auch durch ihre eigenen, poetisch durchaus anspruchsvollen und teils psychedelischen Texte deutlich von der doch eher seichten Wohlfühl-Musik der *Beach Boys* ab. Die intellektuelle studentische Jugend im Sonnenstaat hat das durchaus honoriert.

Roger McGuinn an der 12-Saiter, dazu *Chris Hillman* am Bass, *Gene Clark* – Percussion und *Michael Clarke* am Schlagzeug sowie *David Crosby* an der Gitarre verkörperten die Ur-Besetzung der *Byrds;* Letzterer verließ die Band 1967 zugunsten der Herren *Stills, Nash & Young,* über die in späteren LiveRillen-Ausgaben noch ausführlich zu reden sein wird.

Hier sind zunächst die *Byrds* live aus dem Jahr 1970 mit „So You Want To Be A Rock'n Roll Star" aus der Feder von *Roger McGuinn* und *Chris Hillman,* und danach *Bob Dylans* Klassiker „Mr. Tambourine Man".

Byrds: So You Want To Be A Rock'n Roll Star / Mr. Tambourine Man

Die *Byrds* mit ihrem typisch kalifornischen Sound, dem elektrifizierten Folk der 1960er Jahre. In den frühen Siebzigern war dann leider schon Schluss für die *Byrds,* deren Musiker – als Solisten oder in anderen Formationen – aber noch lange zum Inventar der US-amerikanischen Szene gehörten, und teilweise – wie bei *David Crosby* oder *Roger McGuinn,* der immerhin laut *Rolling Stone* zu den hundert weltbesten Gitarristen gezählt wird – ist das ja bis heute so!

Sozusagen nahtlos anschlussfähig ist da die 1966 ebenfalls in San Francisco gegründete Musikerkommune um die Gitarristen *Gary Duncan* und *John Cippolina,* ergänzt um *Greg Elmore* am Schlagzeug und den Bassisten *David Freiberg: Quicksilver Messenger Service* nannte sich das Quartett, das sich rasch neben den Szenegrößen wie *Jefferson Airplane, Grateful Dead* oder *It's A Beautiful Day* und natürlich den *Byrds* etabliert hatte.

Nach einigen personellen Umbesetzungen – unter anderem saß für einige Zeit *Nicky Hopkins* am Piano, und *Cippolina* wurde durch *Dino Valenti* ersetzt – kam

Mitte der 1970er das Ende für die Band. Aus ihrer frühen Zeit habe ich ein Stück ausgewählt, das die deutliche Bluesorientierung der *Messengers* zeigt: *Willie Dixons* „Back Door Man", aufgenommen 1968 im legendären *Fillmore East*. Hier sind *Quicksilver Messenger Service…*

Quicksilver Messenger Service: Back Door Man

In und um San Francisco waren *Big Brother and The Holding Company* bereits eine angesehene Formation, ehe 1966 die bis dahin weitgehend unbekannte Clubsängerin *Janis Joplin*, die zuvor fünf Jahre lang durch die USA getrampt war, hinzustieß. Das war dann aber die Initialzündung für eine ebenso geniale wie leider kurze gemeinsame Schaffensperiode der Gitarristen *James Gurley* und *Sam Andrew*, die mit *Peter Albin* am Bass und dem Schlagzeuger *David Getz* ein hervorragend eingespieltes Ensemble bildeten. Dennoch suchte sich *Janis Joplin* schon 1967 nach ihrem plötzlichen Durchbruch beim *Monterey Popfestival* eine neue Band, und *Big Brother* holten sich mit *Kathy McDonald* wieder eine weibliche Stimme an Bord, die allerdings die Bluesröhre von *Janis Joplin* nicht annähernd vergessen machen konnte. So kam 1972 das Aus für *Big Brother and The Holding Company*, und auch ein Comebackversuch im Jahr 1987 mit *Michelle Bastian* als Sängerin musste scheitern – *„Nach Janis Joplin wäre jede Sängerin nur Ersatz"*, konstatierte *Siegfried Schmidt-Joos* in seinem Rocklexikon.

Erst 1983 veröffentlichte das französische Fan-Club-Label den Mitschnitt eines Konzertes von *Big Brother* vom 28. Juli 1966 in der *California Hall* von San Francisco. Darauf findet sich auch der von der Bluessängerin *Big Mama Thornton* geschriebene und bis dahin unveröffentlichte Song „Ball and Chain" – die Kette des Gefangenen mit der schweren Eisenkugel als Schicksal einer Frau

beschreibend, die auf Gedeih und Verderb an ihren Mann gekettet ist. *Janis* hatte kurz zuvor ein Konzert von *Big Mama Thornton* in San Francisco besucht, jene ihr danach die Nutzung des Songs gestattet, und so wurde „Ball and Chain" für *Janis Joplin* zu einer Art Erkennungsmelodie – hier ihre hochemotionale Version vom Sommer 1966.

Big Brother & Janis Joplin: Ball & Chain

Wenn man musikalisch an der US-amerikanischen Pazifikküste vor rund fünf Jahrzehnten unterwegs ist, kommt man natürlich nicht an *Grateful Dead* vorbei, gehören sie doch zu Kalifornien wie kaum eine andere Band jener Zeit! Seit ihrer Gründung 1965 galten die *Deads*, wie sie von ihren Fans, den *Dead-Heads*, salopp und liebevoll genannt werden, schlechthin als „Keimzelle des San Francisco-Rock" und „Verkörperung der Hippie-Kultur", wie *Siegfried Schmidt-Joos* in seinem Rocklexikon schreibt.

Zentrale Figuren der kommuneähnlichen Musikergemeinschaft waren *Jerry Garcia* als Sänger und Gitarrist, dazu *Bob Weir, Robert Hunter, Bill Kreutzman* und *Mickey Hart* – zeitweise lebten mehr als 70 Personen als antiautoritäre Großfamilie im Flower-Power-begeisterten Kalifornien zusammen, um zu musizieren und soziale wie gesellschaftliche Alternativen auszuloten. Die Konzerte vor zumeist studentischem Publikum gerieten oft zu endlosen Improvisationsorgien im zumeist eher elegischen Tempo – gut geeignet, um dazu den einen oder anderen Joint durchzuziehen und sich auf LSD-Seelenreise zu begeben.

Hier zunächst „Playing In The Band" – live aus dem Jahr 1971 – und anschließend vom 1974 im *Winterland* San Francisco eingespielten Doppelalbum „Steal Your Face" der Titel „Casey Jones" – ein

Stück, mit dem *Jerry Garcia* dem 1900 bei einem Zugunglück ums Leben gekommenen und zur patriotischen Legende hochstilisierten Lokomotivführer *John Luther Jones*, genannt „Casey", ein bluesinspiriertes Denkmal gesetzt hat – hier sind *Grateful Dead* live.

Grateful Dead: Playing In The Band / Casey Jones

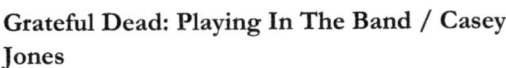

Grateful Dead – mit deren Livealben ließen sich allein mehrere LiveRillen locker füllen; ich habe derzeit sechs Dead-Alben mit insgesamt 13 Platten im Regal stehen. Eine ungeheuer produktive Musiker-Kommune, zumal diverse Mitglieder von *Grateful Dead* noch Soloprojekte betrieben oder zeitweise in anderen Formationen an der Westküste spielten. Ein Beispiel ist die kalifornische Band *Kingfish* des Songwriters *Matt Kelly* und des Bassisten *Dave Torbert*, zu der *Dead*-Gitarrist *Bob Weir* 1974 stieß – und auch *Dead*-Drummer *Bill Kreutzman* gehörte später zumindest zeitweise zu *Kingfish*.

Mitte der 70er spielte die durchaus populäre Live-Band ein Konzert im *Roxy* in West Hollywood, das aufgezeichnet und 1977 als Album „Live'N'Kickin'" veröffentlicht wurde. Daraus jetzt der Titel „Hypnotize", den *Dave Torbert* und *Matt Kelly* gemeinsam geschrieben haben – an der Gitarre *Bob Weir* von den *Deads*.

Kingfish: Hypnotize

Ebenso wenig wie an *Grateful Dead* kommen wir an *Jefferson Airplane* vorbei. 1965 gestartet, erspielten sie sich rasch einen legendären Ruf mit ihren komplexen Songstrukturen, den psychedelischen Sounds und den Texten voller Anspielungen auf Sex und Drogen, auf Gewalt und Revolte.

Seinen Treibstoff bezog das Jefferson-Flugzeug aus unterschiedlichen musikalischen Quellen: die Gitarristen *Marty Balin* und *Paul Kantner* waren zuvor in der regionalen Folk-Szene aktiv gewesen. Bassist *Jack Casady* und Schlagzeuger *Spencer Dryden* kamen vom Jazz her, Gitarrist *Jorma Kaukonen* hatte sich dem Blues verschrieben. Stilprägend zudem natürlich die Stimme von *Grace Slick*; zudem war der klassisch ausgebildete Geiger *Papa John Creach* häufig mit von der Partie, und diverse Personalwechsel um 1970 herum änderten an Sound und Popularität von *Jefferson Airplane* kaum etwas, zumal mit *Jefferson Starship* auch die von *Paul Kantner* und *Grace Slick* gegründete Nachfolgeband (u. a. mit *Papa John Creach* und dem Drummer *John Barbata*) die erfolgreiche Flugreise fortsetzen konnte.

1973 erschien das fantastische *Airplane*-Livealbum „Thirty Seconds Over

Winterland", in San Francisco mitgeschnitten – hier ist übrigens auch *David Freiberg*, der Ex-Bassist von *Quicksilver Messenger Service*, mit dabei! Zwei Titel von der B-Seite dieser Platte: *Paul Kantners* „When The Earth Moves Again" und danach „Milk Train" aus der Feder von *Grace Slick* und *Papa John Creach* – hier sind *Jefferson Airplane*.

Jefferson Airplane: When The Earth Moves Again / Milk Train

Jefferson Airplane, live im Jahr 1973 im *Winterland* von San Francisco. 1996 wurde die Band, die ja bereits beim *Woodstock*-Festival für Furore gesorgt hatte, dann endlich in die *Rock and Roll Hall of Fame* aufgenommen; ein Jahr zuvor hatten die noch aktiven Musiker um *Kantner, Balin* und *Casady* mit einem Konzert vor einem durchweg nackten Publikum in einem Nudistenpark nochmal für Aufmerksamkeit gesorgt... na ja, wer's braucht.

Zurück in die guten alten Zeiten der 70er Jahre!

Der Blues war *Jefferson Airplane* ja keineswegs fremd, aber eben nur *ein* stilistischer Orientierungspunkt. Das war dem *Airplane*-Gitarristen *Jorma Kaukonen* auf Dauer nicht genug, sodass er nebenher (und bis heute!) ein bluesorientiertes Side-Projekt namens *Hot Tuna* betreibt – Heißer Thunfisch also, bei dem auch Bassist *Jack Casady* kräftig mitmischt. Vom 1977 erschienenen Doppelalbum „Double Dose" hier die *Hot-Tuna*-Version des Bluesklassikers „I Can't Be Satisfied" aus der Feder von *McKinley Morganfield* – und dahinter verbirgt sich kein Geringerer als *Muddy Waters*.

Hot Tuna: I Can't Be Satisfied

Wir bleiben beim Blues – *die* Bluesband der Westküste schlechthin, das waren *Canned Heat*, die „Hitze in Dosen" – ein Slangausdruck für billigen Schnaps übrigens.

1965 in Los Angeles vom stark übergewichtigen Plattensammler und Bluessänger *Bob Hite* (seine Kollektion umfasste rund 70.000 Schallplatten!), dem Gitarristen *Henry Vestin* und dem Musikstudenten *Al Wilson* gegründet, der mit seiner Mundharmonika und der ungewöhnlich hellen Stimme bald soundprägend wurde. In *Woodstock* wurden sie 1969 zur Legende, und das Anwesen von *Bob Hite* im kalifornischen Topanga zum kultigen Wallfahrtsort für Bluesfreaks – 1981 ist *Bob Hite* im kalifornischen Venice an einem Herzinfarkt verstorben.

Von dem 1973 in *Bob Hites* Haus in Topanga aufgenommenen Livealbum sollen jetzt zwei Titel erklingen – zunächst „Dust My Broom", das auf dem Plattencover *Elmore James* zugeschrieben wird, dem neben *Muddy Waters* wohl einflussreichsten Slide-Gitarristen des Chicago-Blues. Im Original stammt „Dust My Broom" allerdings wohl eher von *Robert Johnson*, der es bereits 1936 als „I Believe I'll Dust My Broom" aufgenommen hat! – Den Besen abstauben – okay, auch das kann also Thema eines Songs sein...

Danach nochmals *Canned Heat* mit der treibenden Bluesharp von *Al Wilson* und dem Titel „I Wish You Would" von *Billy Boy Arnold*, einem 1935 in Chicago geborenen Mundharmonika-Virtuosen, der heute zu den letzten Lebenden jener großen Bluesgeneration gehört.

Hier sind *Canned Heat* – Live At Topanga Corral.

Canned Heat: Dust My Broom / Wish You Wood

Klassischer Blues, geradlinig und ohne Schnörkel gespielt von *Canned Heat* in der heutigen LiveRillen-Ausgabe auf Radio CORAX. Insbesondere der Krieg der USA in Vietnam hat ja die politische Atmosphäre der 1960er Jahre geprägt – nicht nur in den Staaten selbst, sondern als ein wichtiger Auslöser der weltweiten Studentenproteste, die 1968 die westlichen Gesellschaften spürbar verändern sollten. Ein Künstler, der mit befreundeten Musikern sozusagen die revolutionäre Hausband der nordkalifornischen Studentenrevolte an der *University of California* in Berkeley darstellte, war *Country Joe McDonald*. 1942 in Berkeley geboren und schon mit 17 Jahren als Marinesoldat in Japan stationiert, wandelte er sich rasch zum bekennenden Kriegsgegner und war mit Gitarre und Mundharmonika überall dort zu finden, wo sich der Protest gegen Johnsons Krieg in Südostasien formierte. Zunächst mit seiner Band, die sich schlicht *The Fish* nannte und mit ihrem Auftritt beim legendären *Woodstock*-Festival 1969 den Höhe-

und gleichzeitig Schlusspunkt ihrer Karriere hatte, anschließend dann als unermüdlicher Solist.

Wir hören einen Ausschnitt aus einem Solo-Konzert von 1972 – die Stücke „Free Some Day" und „I'm On The Road Again" – *Country Joe McDonald*.

Country Joe McDonald: Free Some Day / I'm On The Road Again

Country Joe McDonald in der heutigen LiveRillen-Sendung „From California To The New York Island" über die Rockmusik in den USA der 60er und 70er Jahre – heute Teil 1 mit Blick und Ohr für die Pazifikküste Kaliforniens, bevor es ab Februar dann weiter Richtung Ostküste gehen wird mit Bands wie *Iron Butterfly,* den *Doors* oder *Steppenwolf* und *Bob Seger.*

Ich biege langsam auf die Zielgerade der heutigen Ausgabe ein mit einer Band, die dem kalifornischen Klischee des Sonnenstaates mit Wohlfühlgarantie wieder sehr nahe kommt: *It's A Beautiful Day* – Nomen est Omen!

1967 auf dem Gipfel der Flower-Power-Begeisterung in San Francisco gegründet, überzeugten sie mehr durch perfekte Musikalität als durch inhaltlichen Tiefgang. Im Mittelpunkt der Band zunächst das Ehepaar *Linda und David LaFlamme* – sie am Piano, er als klassisch ausgebildeter Musiker an der Violine. Den Tasten-Part übernahm bald darauf *Fred Webb.* Dazu Sängerin *Pattie Santos,* der Gitarrist *Bill Gregory* und Bassist *Tom Fowler* sowie *Val Fuentes* am Schlagzeug.

1972 wurde ein in der New Yorker *Carnegie-Hall* mitgeschnittenes Konzert veröffentlicht – hier sind *It's A Beautiful Day* mit dem *Taj-Mahal*-Titel „Give Your Woman What She Want's" und der *LaFlamme*-Komposition „A Hot Summer Day" – passt nicht ganz zur aktuellen Jahreszeit, aber der nächste Sommer kommt bestimmt...

It's A Beautiful Day: Give Your Woman What She Want's / A Hot Summer Day

Abschließend noch zwei Bands, die für den typischen frühen Westcoast-Rock stehen mit seinen stilprägenden Elementen, zu denen ausgefeilte Satzgesänge, eingängige Harmonien, Midtempo-Rhythmen und etwas Country-Feeling gehören: *Little Feet* und *Poco*. Beide gründeten sich 1968 in Los Angeles. *Poco* entstand aus den Resten von *Buffalo Springfield* – in dieser legendären, wenn auch leider kurzlebigen Band hatten die Gitarristen *Richie Furay* und *Jim Messina* zuvor gemeinsam gespielt.

Und *Randy Meisner* zupfte übrigens bei *Poco* den Bass, bevor er 1971 dann Gründungsmitglied der *Eagles* wurde, die wir heute ausklammern müssen – eine spätere LiveRillen-Ausgabe wird sich ihnen ausführlich widmen!

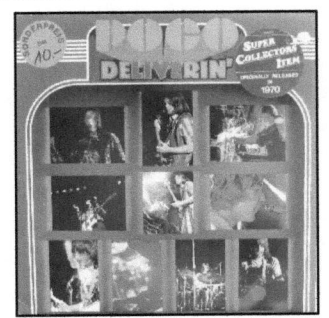

Poco existierten in wechselnden Besetzungen bis weit in die 1990er Jahre hinein, nie ganz oben auf dem Rock-Olymp, aber immer durch musikalische Qualität überzeugend und als gute Liveband geschätzt. Hier der Beweis – von ihrer 1970 erschienenen Liveplatte „Deliverin'" die country-inspirierte *Richie-Furay*-Komposition „You'd Better Think Twice".

Danach dann *Little Feet* mit dem frechen „Dixie Chicken" aus der Feder von *Lowell George*, dem Gitarristen und Kopf der Band. Die *Feet*-Musiker hatten zuvor bereits in diversen Gruppen wie *Frank Zappa's Mothers Of Invention* oder *Fraternity Of Man* Erfahrungen gesammelt, die sie nun im perfekten Zusammenspiel optimieren konnten. Von der Kritik hochgelobte Platten erschienen zunächst wie am Fließband; der kommerzielle Erfolg ließ demgegenüber etwas zu wünschen übrig – zu viele ähnlich klingende Bands überschwemmten die USA in den 70er Jahren.

1979 starb dann *Lowell George* an den Folgen einer schweren Hepatitis; *Little Feet* hielten mit diversen Personalwechseln noch bis in die 90er Jahre durch.

Zum Ausklang der heutigen LiveRillen nun also aus dem 1978 erschienenen Doppel-Album „Waiting For Columbus" von *Little Feet* die angekündigten „Dixie Chicken".

Damit euch allen eine gute Zeit bis zur nächsten LiveRille im Februar – dann mit dem zweiten Teil der Konzert-Reise durch die USA, der uns dann weiter *„From California To The New York Island"* führen wird.

Poco: You'd Better Think Twice | Little Feet: Dixie Chicken

<u>Quellen:</u>

➤ The Beach Boys: Live In London, LP, EMI, 1970
➤ Big Brother And The Holding Company: Cheaper Thrills, 1966, LP, FAN CLUB, 1983
➤ The Byrds: (Untitled), Do.-LP, Columbia, 1970
➤ Canned Heat: Live At Topanga Corral, LP, 2001/metronome, 1973
➤ Country Joe McDonald: Incredible! Live!, LP, Vanguard/USA, 1972
➤ Grateful Dead: Same Live, Do.-LP, Warner Bros. Records, 1971
➤ Grateful Dead: Steal Your Face, Do.-LP, United Artists, 1976
➤ Hot Tuna: Double Dose, Do.-LP, RCA, 1977
➤ It's A Beautiful Day: At Carnegie Hall, LP, Columbia, 1972
➤ Jefferson Airplane: Thirty Seconds Over Winterland, LP, Grunt Rec., 1973
➤ Kingfish: Live'N'Kickin', LP, United Artist/Jet, 1977
➤ Little Feat: Waiting For Columbus, Do.-LP, WEA, 1978
➤ Poco: Deliverin', LP, CBS, 1970
➤ Quicksilver Messenger Service: Live At The Fillmore 1968, Do.-LP, Purple Pyramid, 2013

No. 11: From California To The New York Island: USA 60er/70er Jahre – Teil II

Februar 2019

Wie vor einem Monat angekündigt, arbeiten wir uns im heutigen zweiten Teil der mehrteiligen Sendereihe *„From California To The New York Island"* allmählich weiter nach Osten voran durch das riesige Musikland USA der 1960er und 70er Jahre. Die Palette reicht da ja von A wie *Allman Brothers* bis Z wie *Frank Zappa*. Und den Brückenschlag zur letzten Sendung vollziehen zu Beginn *The Mamas & The Papas* passenderweise mit ihrem Hit „California Dreaming", aufgenommen beim *Monterey Popfestival* im Juni 1967.

Mamas & Papas: California Dreaming

"California Dreaming", einer der großen Hits, die *The Mamas & The Papas* zur Hoch-Zeit der Hippie-Ära in den USA und weltweit hatten. Das Quartett bestand seit 1965 aus den singenden Multiinstrumentalisten *John Philipps* und *Denny Doherty* sowie den Sängerinnen *„Mama" Cass Elliot* und *Michelle Gillian*, der späteren Ehefrau von *John Philipps*. Die eigentliche Karriere der *Mamas & Papas* war 1968 mit dem Ausstieg von *Mama Cass* schon wieder vorbei, auch wenn es in der Folge diverse Comeback-Versuche und Kurztourneen gab. *Cass Elliot* verstarb stark übergewichtig schon 1974; *John Philipps* saß zu Beginn der 80er wegen Drogenmissbrauchs im Gefängnis, und *Denny Doherty* versuchte sich erfolglos als Schauspieler. Hinterlassen haben sie neben „California Dreaming" auf jeden Fall Ohrwürmer wie „Dancing In The Street" oder „Monday, Monday", die für immer mit der US-Musikszene der 1960er Jahre verbunden bleiben werden.

Verlassen wir für heute Kalifornien und wenden uns dem Southern Rock zu. In Macon/Georgia hat die *Allman Brothers Band* ihren Ursprung. Gegründet 1969 von den Brüdern *Duane und Gregg Allman*, dem Leadgitarristen *Dicky Betts*, dem Bassisten *Berry Oakley* und den Schlagzeugern *Jai Johanson* und *Butch Trucks*, orientierten sie sich am Country-Blues eines *Robert Johnson*, dem sie viel rhythmische Power hinzufügten und durch die Slide-Guitar von *Duane Allman* Unverwechselbarkeit verliehen.

Ihr legendäres, im März 1971 im *Fillmore East* eingespieltes Live-Doppelalbum muss schon als eine Art Vermächtnis gesehen werden, denn im Oktober desselben

Jahres kam *Duane Allman* bei einem Motorrad-Unfall ums Leben. Nur ein Jahr später erwischte es den Bassisten *Berry Oakley* auf gleiche Weise.

Gregg Allman hielt die Band zunächst zusammen, 1973 spielten sie gemeinsam mit *Grateful Dead* und *The Band* ein Konzert vor 600.000 begeisterten Besuchern, und nach einer Trennung im Jahr 1976 führte *Gregg Allman* die Band zwei Jahre später wieder zusammen – nach der Scheidung von seiner Kurzzeit-Ehefrau *Cher*.

1995 wurde die *Allman Brothers Band* in die *Rock and Roll Hall of Fame* aufgenommen, und ihr legendäres Gitarrenstück „Jessica" gilt bis heute als eines der besten Rock-Instrumentals überhaupt.

Nun aber zu ihrer Musik selbst: zunächst die *Allman Brothers Band* live aus dem

 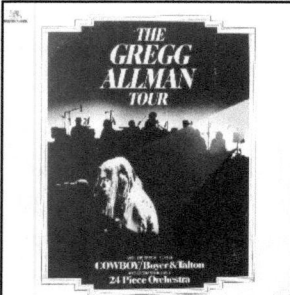

Fillmore East mit dem „Statesboro Blues" des bereits 1959 an einer Hirnblutung verstorbenen schwarzen Bluesmusikers *Blind Willie McTell*, den *Bob Dylan* als „größten Bluessänger aller Zeiten" bezeichnet hat, sowie dem Instrumental „Hot 'Lanta", an dem alle Bandmitglieder der ABB mitgearbeitet haben, was am Arrangement auch gut nachvollziehbar ist.

Als drittes Stück dann *Gregg Allman* von seiner Solo-Tour mit großer Begleitband, im Jahr 1974 in der New Yorker *Carnegie Hall* aufgenommen, die wunderbare Blues-Ballade „Queen Of Hearts" aus der Feder von *Gregg Allman* himself.

Allman Brothers Band: Statesboro Blues / Hot 'Lanta
Gregg Allman: Queen Of Hearts

James Gang nannte sich eine Rockband, die 1966 in Cleveland/Ohio gegründet wurde und zunächst nur lokale Bedeutung erlangte. 1968 stieß der Gitarrist *Joe Walsh* zur Band, erste Plattenveröffentlichungen und eine England-Tour als Vorband von *The Who* folgten. 1971 erschien das Album „James Gang Live In Concert" – daraus hören wir die *Joe-Walsh*-Komposition „Walk Away".

Geh deinen Weg – das schien irgendwie auch das Motto für *Joe Walsh* zu sein, denn für die *James Gang* kam das baldige Aus, als sich der Gitarrist zu einer Solo-Karriere entschloss, die allerdings auch nicht lange dauerte: 1976 stieß *Walsh* zu den *Eagles* und ersetzte dort den Gitarristen *Bernie Leadon*. Bereits seit 1971 waren *Glenn Frey, Don Henley* und *Don Felder* sowie der ex-*Poco*-Bassist *Randy Meisner* zu einem mehr als soliden Ensemble gereift, das in der Folge rasch an die Spitze der US-amerikanischen Rockszene stürmte.

Kurz zuvor hatte *Joe Walsh* noch ein Livealbum als Solist veröffentlicht, bei dessen Aufnahme er bereits von *Henley, Felder* und *Frey* unterstützt wurde. Von diesem Album spiele ich „Time Out", das die B-Seite der Platte eröffnet.

Und um die *Joe-Walsh*-Festspiele in der heutigen LiveRillen-Sendung abzuschließen, folgt als dritter Titel dieses Blocks „Life's Been Good", ein Stück, das *Joe Walsh* zum Repertoire der *Eagles* beisteuerte – vom 1980 erschienenen Doppelalbum „Eagles Live". Hier sind *James Gang, Joe Walsh* und die *Eagles*.

James Gang: Walk Away
Joe Walsh: Time Out
Eagles: Life's Been Good

Vor allem mit den *Eagles* konnte *Joe Walsh* herausragende Erfolge feiern, auch wenn er dort stets etwas im kompositorischen Schatten von *Don Henley, Don Felder* und *Glenn Frey* stand. Dieses Triumvirat hat auch jenen Song verfasst, der auf ewige Zeiten den *Eagles* einen Platz im Olymp der populären Musik sichert: „Hotel California" – eine unverblümte Satire auf die Überflussgesellschaft des Sonnenstaates. Den Titel hören wir gleich in einer Aufnahme vom November 1976 – die *Eagles* live in Houston/Texas.

Danach eine Band, die ebenfalls in der zweiten Hälfte der 70er Jahre ihre großen Erfolge in den USA feiern konnte: *Atlanta Rhythm Section*. Eine typische Southern-Rock-Band, 1970 von Musikern gegründet, die sich durch diverse Studio-Jobs in Georgia kennengelernt hatten – einige spielten zuvor auch schon bei den *Candyman* zusammen.

Nachdem ihr 72er Plattendebüt noch relativ unbeachtet verhallte, ging es von 1976 an steil aufwärts. Sie spielten auf großen Festivals in den USA und Europa, unter anderem mit *Bob Seger, Journey, It's A Beautiful Day, Genesis, Tom Petty* oder *Jefferson Starship* und durften sich Vergleiche mit *Lynyrd Skynyrd* gefallen lassen. Der Sound wurde geprägt von den Leadgitarren von *Barry Bailey* und *J. R. Cobb*, dem Fender Rhodes Piano von *Dean Daughtry* und der Stimme von *Ronnie Hammond*.

Interessantes Detail am Rande: Bei den Angaben zu ihrem 1979 erschienenen Livealbum „Are You Ready" fehlt ein Drummer! *Robert Nix*, der frühere Schlagzeuger, war gerade aufgrund seiner härteren Stilistik und seiner sonstigen Exzesse ausgemustert worden; ersetzt wurde er durch *Roy Yaeger*, der zuvor bei *Lobo* getrommelt hatte. Beide Namen fehlen aber auf dem Plattencover – es bleibt also ein kleines Geheimnis, wer da am Schlagzeug saß. Sei's drum – ich habe zwei Titel des Albums ausgewählt – „I'm Not Gonna Let It Bother Me Tonight" und „Large Time" – letzterer Song gilt als Tribute für *Lynyrd Skynyrd*, zu denen wir danach kommen. Hier sind *Atlanta Rhythm Section*, zuvor aber „Hotel California" von und mit den *Eagles*.

Eagles: Hotel California
Atlanta Rhythm Section: I'm Not Gonna Let It Bother Me Tonight / Large Time

„Large Time", eine ausdrücklichen Hommage an die gitarrenlastigen Bluesrocker von *Lynyrd Skynyrd*. Die Band aus Florida hatte 1973 ihr Debütalbum veröffentlicht – da hatten die Musiker allerdings schon ein halbes Dutzend Live-Jahre hinter sich. Drei, mitunter vier Leadgitarristen rund um Sänger *Ronnie Van Zandt* sorgten für den druckvollen, erdigen und doch auch swingenden Sound der Band, die dank ihres Überhits „Sweet Home Alabama" nun auch zum Headliner großer Open Airs avancierte. Im Oktober 1977 dann die Katastrophe – bei einem

Flugzeugabsturz starben *Ronnie Van Zandt,* der Leadgitarrist *Steven Gaines* und dessen Schwester *Cassie*, die als Background-Sängerin zu *Lynyrd Skynyrd* gehörte.

Zehn Jahre nach dem Unglück rief *Ronnies* jüngerer Bruder *Johnny Van Zandt* die verstreuten Musiker zu einer Reunion, die so großen Erfolg hatte, dass *Lynyrd Skynyrd* als Band wieder auferstanden sind und bis heute existieren. Und es gibt Gelegenheit,

sie demnächst zu erleben: Am 17. Juni 2019
spielen sie um 20 Uhr in der Messehalle Erfurt!
Hier nun drei Songs von *Lynyrd Skynyrd* –
zunächst die Originalbesetzung, aufgenommen im
Sommer 1976 im *Fabulous Fox Theatre* in Atlanta
und als Doppelalbum „One More From The
Road" erschienen – daraus „Gimme Three Steps",
eine Komposition des Gitarristen *Allen Collins* zu
einem Text von *Ronnie Van Zandt*, und im
nahtlosen Übergang dann das *J.J.Cale*-Cover „Call

Me The Breeze". Danach natürlich der *Lynyrd-Skynyrd*-Klassiker schlechthin,
„Sweet Home Alabama", allerdings vom Tribute-Konzert der Band 1987, unter
anderem mit *Steve Morse* an der Gitarre, der auch bei *Deep Purple* spielte, und dem
Gitarristen, Geiger und Sänger *Charlie Daniels*, von dem gleich noch zu reden sein
wird… - hier sind *Lynyrd Skynyrd*.

**Lynyrd Skynyrd: Gimme Three Steps / Call Me The Breeze / Sweet Home
Alabama**

Eben fiel bereits der Name *Charlie Daniels*. Der
1936 in North Carolina geborene Musiker gehörte
in den 70ern mit seiner Band zu den führenden
Protagonisten des Southern Rock. Zuvor hatte er
in Nashville als Studiomusiker – unter anderem
für *Bob Dylan* – gearbeitet und die Liveband von
Leonard Cohen verstärkt. Seine Popularität in der
Szene machte es möglich, dass *Daniels* von 1974

an jährliche *Volunteer Jamsessions* organisierte, bei
denen bis zu hundert Musiker befreundeter Bands miteinander musizierten,
darunter *Molly Hatchet, Ted Nugent, Lynyrd Skynyrd, Chrystal Gayle* oder *Jimmy Hall*.
Einige dieser Konzerte sind auf Vinyl erschienen – auf der Ausgabe VII von 1981
ist sogar eine beachtliche Fassung von „Sweet Home Alabama" zu hören. Ich
habe mich aber für „Can't You See" von der
Charlie Daniels Band entschieden.
Bei genau diesem *Volunteer Concert* im Januar 81 in
Nashville ebenfalls dabei war *Ted Nugent*. Der
1948 in Detroit geborene Gitarrist und Sänger
hatte zu diesem Zeitpunkt seine Löwenmähne
schon auf etlichen Konzertbühnen martialisch
geschüttelt. Mit wechselnden Begleitmusikern
spielte er seit den 70ern einen stark metallhaltigen

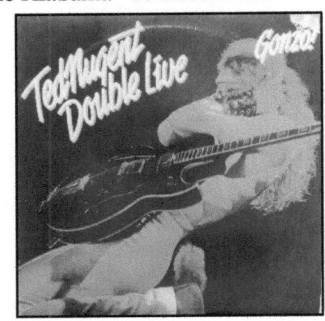

Rock, angereichert durch diverse Macho-Attitüden (so behauptete er beispielsweise, alle seine Fleischmahlzeiten selbst zu erlegen). Ehe ich jetzt aber alle Vegetarier und Veganer unter den LiveRillen-Zuhörern abschrecke, zurück zur Musik – vom 1977 aufgenommenen Album „Double Live Gonzo" die *Ted-Nugent*-Komposition „Strangle Hold" mit einer treibenden Gitarrenfigur auf seiner Gibson-Gitarre.

Charlie Daniels Band: Can't You See
Ted Nugent: Strangle Hold

Charlie Daniels und *Ted Nugent* fast am Ende der heutigen LiveRillen; zwei weitere Sendungen zum Thema „From California To The New York Island" wird es noch geben: Im März werde ich die Nord/Oststaaten-Musik – also *Steppenwolf* oder die *Doors* – vorstellen und im April dann die Singer-Songwriter-Szene, darunter *Bob Dylan* und *The Band, Tom Paxton, Simon & Garfunkel, Neil Young, Don McLean, Randy Newman* und *Tom Petty*.

Den Schlusspunkt dieser Ausgabe setzt ein Knaller aus den späten 60er Jahren, ein One-Hit-Wonder, wie es im Buche steht: „In-A-Gadda-Da-Vida" mit *Iron Butterfly*.

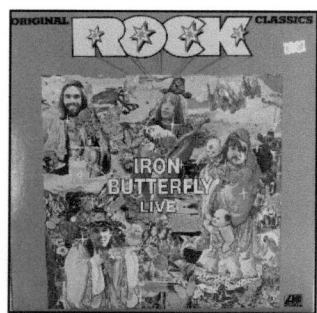

1968 auf dem zweiten Album der in San Diego gegründeten Band erschienen, gilt der fast zwanzigminütige Song als Geburtshelfer des Hard Rock a la *Deep Purple, Black Sabbath* oder *Led Zeppelin*. Den *Butterfly*-Musikern um Keyboarder und Sänger *Doug Ingle* gelang danach nicht annähernd Vergleichbares, und so hat der *Eiserne Schmetterling* für immer an diesem „Garten des Lebens" zu schleppen. Aber *ein* richtiger Hit – das ist ja auch schon was, oder?!

Iron Butterfly: In-A-Gadda-Da-Vida

Quellen:

➢ Allman Brothers Band: At Fillmore East, Do.-LP, Capricorn, 1971
➢ Gregg Allman: The Gregg Allman Tour, Do.-LP, Capricorn, 1974
➢ Atlanta Rhythm Section: Are You Ready!, Do.-LP, Polydor, 1979
➢ Charlie Daniels Band: Volunteer Jam VII, LP, CBS, 1981
➢ Eagles: Live, Do.-LP, Elektra/Asylum, 1980
➢ Eagles: Live In Houston 1976, Do.-LP, Virgin/DOL, 2016 (neu)
➢ Iron Butterfly: Live, LP, Atlantic 1970 / WEA 1975
➢ James Gang: Live In Concert, LP, ABC, 1972
➢ Lynyrd Skynyrd: One More From The Road, Do.-LP, MCA, 1976
➢ Lynyrd Skynyrd: Southern By The Grace Of God / Tribute Tour 1987, Do.-LP, MCA, 1988
➢ The Mamas & The Papas: Monterey International Pop Festival, LP, ABC/Dunhill, USA, 1967
➢ Ted Nugent: Double Live – Gonzo!, Do.-LP, CBS, 1978
➢ Joe Walsh: Recorded Live – You Can't Argue With A Sick Mind, LP, MCA, 1976

No. 12: From California To The New York Island: USA 60er/70er Jahre – Teil III

März 2019

Willkommen zum dritten Teil der kleinen Serie *„From California to the New York Island"*. Im Vormonat ging es vor allem um Konzertmitschnitte der Southern-Rock-Bands. Heute dazu noch einige Nachträge, ehe wir uns der Szene des Mittleren Westens und der Ostküste zuwenden – gedacht bestenfalls als Überblick, der hier und da durch spätere LiveRillen-Sendungen unbedingt vertieft werden muss.

Das gilt bereits für den heutigen Einstieg, denn mit dieser Band ließe sich locker eine ganze Sendung füllen, zumal hinter etlichen beteiligten Musikern durchaus spannende Geschichten stehen, wie gleich angedeutet werden soll.

Zum Einstieg aber der Über-Hit der Band, deren Ursprünge zwar in Kanada liegen, die aber ihren Durchbruch in der zweiten Hälfte der 1960er Jahre in Kalifornien erlebte, um dann weltweite Erfolge zu feiern. Tja, und dieses Stück gilt – neben jenem „In-A-Gadda-Da-Vida" von *Iron Butterfly*, das wir in der letzten Sendung hörten – als Geburtsstunde des Hard Rock. Unstrittig zweifellos: Ohne diese klare Botschaft, die zum Losungswort einer ganzen Generation wurde, wäre die Rockmusikgeschichte um einiges ärmer... - auf geht's!

Steppenwolf: Born To Be Wild

Nun, das Rätsel war sicher schnell gelöst: Natürlich – *Steppenwolf* und ihr „Born To Be Wild", das nicht zuletzt durch den Soundtrack von „Easy Rider", dem kultigen Roadmovie mit *Dennis Hopper* und *Peter Fonda* in den Hauptrollen, weltweit bekannt wurde. Dies war die Konzertversion aus dem Doppelalbum „Steppenwolf – LIVE" aus dem Jahr 1970.

Steppenwolf – die Band, die sich namentlich vor dem Literaturnobelpreisträger Hermann Hesse und seinem Kultroman verbeugte – waren 1967 aus einer kanadischen Folkblues-Band namens *Sparrow* hervorgegangen, in der bereits der Sänger und Gitarrist *John Kay* – gebürtig als *Joachim Krauledat* im ostpreußischen Tilsit – sowie Keyboarder *Goldie McJohn* und Schlagzeuger *Jerry Edmonton* zusammenspielten – anfangs noch mit *Edmontons* Bruder *Dennis* an der Leadgitarre. Mit den Namen ist das aber so eine Sache: Der eigentliche Familienname beider Brüder lautete nämlich *McCrohan*. Den änderten sie in den frühen 1960er Jahren in

Edmonton. Und damit nicht genug – *Dennis*, der Gitarrist, nannte sich nach seinem Ausstieg bei den *Sparrows* fortan *Mars Bonfire*. Und genau dieser Name steht auch als Komponist hinter „Born To Be Wild"!

Während sein Bruder *Jerry Edmonton* also Schlagzeuger von *Steppenwolf* blieb, begann *Bonfire* eine Solokarriere, arbeitete zudem mehrfach mit *Kim Fowley* zusammen und stand für ihn und andere Künstler oft im Studio.

2015 wurde *Mars Bonfire* bei den *SOCAN Awards 2015* in Toronto für den Song „Born To Be Wild" mit dem *Cultural Impact Award* (dem Preis für kulturelle Auswirkungen also) ausgezeichnet – da hatte er der Musikszene aber schon lange den Rücken gekehrt.

Stattdessen hat *Mars Bonfire* viele Jahre als Bergwanderer in Südkalifornien verbracht. Er hat die dortige Hundert-Gipfel-Tour 25-mal abgeschlossen; selbst die *Los Angeles Times* berichtete über *Bonfire* als begeisterten Wanderführer. Heute lebt er mit seiner Frau im westlichen Nevada, und das kann er sich allein von den Tantiemen für seinen Über-Hit wohl auch ganz gut leisten.

Mindestens 66 offiziell veröffentlichte Coverversionen von „Born To Be Wild" gibt es (Stand Anfang 2019) laut Wikipedia – unter anderem auch von *Blue Öyster Cult* – die spiele ich noch im Verlauf dieser Sendung, denn auch diese US-Band soll heute zu ihrem Recht kommen. Zuvor aber noch drei Stücke von *Steppenwolf*. Zunächst aus ihrer frühen Phase „Corrina, Corrina" und „Tighten Up Your Wig" – hier noch mit *Mars Bonfire* an der Gitarre, von der 1969 erschienen Live-LP „Early Steppenwolf". Gleich im Anschluss dann „Monster"; ein Song, mit dem *Steppenwolf* die Politik der damaligen *Nixon*-Regierung anprangerten – hier in einer Version des *Swingin'-Pig*-Bootlegs „Ride With Me", mitgeschnitten 1972 im *Konserthuset* im schwedischen Göteborg.

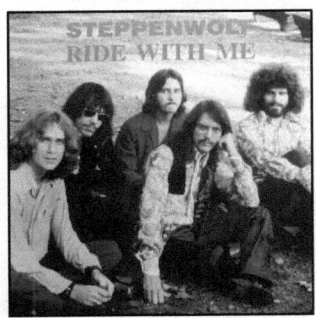

Steppenwolf: Corrina, Corrina / Tighten Up Your Wig / Monster

Die nächste US-Band, die heute gewürdigt werden soll, nannte sich schlicht *The Doors*. Und bei dieser Erwähnung dürften alle Rockfans leuchtende Augen bekommen und vor selbigen das Bild des charismatischen Sängers *Jim Morrison* haben.

Ihren Namen soll die Band übrigens einer Drogenstudie des US-amerikanischen Autors (und passionierten Rauschmittelkonsumenten!) *Aldous Huxley* – bekannt als Verfasser der Dystopie „Brave New World" – entnommen haben, die als „The Doors of Perception" – also „Die Pforten der Wahrnehmung" – veröffentlicht wurde. Und Drogen spielten ja auch in der Band selbst eine wichtige und am Ende unheilvolle Rolle – *Jim Morrison* verstarb am 3. Juli 1971 an einer Überdosis und trat so unfreiwillig dem Club 27 bei – *Jimi Hendrix, Janis Joplin* und ex-Stones-Gitarrist *Brian Jones* warteten da bereits im Himmel auf ihn.

Neben *Jim Morrison* gehörten seit 1965 der Gitarrist *Robbie Krieger*, Keyboarder *Phil Manzarek* und *John Densmore* am Schlagzeug zur Band, die Zeit ihrer Existenz ohne Bassgitarristen auskam. Die Bühnenshows der *Doors* waren Ende der 60er Jahre legendär – *Morrisons* häufig obszön-aggressive Posen führten zu heftigen Protesten besorgter Mittelstandsbürger – so beteiligten sich 1969 rund 30.000 Menschen in Miami an einer Anti-*Doors*-Kundgebung, zu der die „Liga für den Anstand" aufgerufen hatte.

Ihrer Popularität kam das eher noch zugute – ihre Platten erbrachten Millionenumsätze, und ihre Tourneen und Konzerte waren stets ausverkauft. Es wurde ja auch einiges geboten abseits der 3-Minuten-Hitparaden-Songs des Mainstreams. Die oft verschlüsselten Texte des auch als Lyriker ambitionierten *Jim Morrison* wurden kongenial unterlegt durch teils ausufernde Improvisationen der hervorragenden Instrumentalisten der Band. Dafür nun ein paar Beispiele, zunächst vom legendären Doppel-Album „Absolutely Live" aus dem Jahr 1970 die komplette B-Seite.

Wir hören da den frommen Wunsch „Built Me A Woman" – hier werden durchaus die Blues-Wurzeln der Band deutlich – und anschließend dann die viertelstündige Version des *Doors*-Klassikers „When The Music's Over", ein

Wechselbad der musikalischen Gefühle, bei dem man am besten die Augen schließt und sich an die *Oliver-Stone*-Verfilmung der Bandgeschichte mit dem durchaus eindrucksvollen *Val Kilmer* in der Hauptrolle des *Jim Morrison* vorstellt – hier aber sind die echten *Doors*!

Doors: Built Me A Woman / When The Music's Over

Mit dem Tod von *Jim Morrison* im Sommer 1971 war dann tatsächlich „The Music Over", denn den verbliebenen *Doors*-Musikern war spätestens nach zwei erfolglosen Trio-Platten klar, dass dieser Frontmann einfach nicht adäquat zu ersetzen war.

Krieger und *Densmore* gründeten daraufhin eine eigene Band, *Phil Manzarek* ging Solo-Wege in Richtung Jazz – alle ex-*Doors*-Musiker behielten aber in der internationalen Rockmusikszene einen guten Namen und tauchten bei diversen Festivals immer mal als gern gesehene Gastmusiker befreundeter Bands auf. Der *Doors*-Mythos hält jedenfalls bis heute an, und wer mehr darüber erfahren will, dem sei die 1980 erschienene Bandbiografie „No One Here Gets Out Alive" – also „Keiner kommt hier lebend raus" – von *Danny Sugarman* und *Jerry Hopkins* empfohlen. Im Erscheinungsjahr der Biografie wurden weltweit übrigens mehr *Doors*-Platten verkauft als jemals zuvor!

Eine weitere Band, die ebenso wie *Steppenwolf*, die am Beginn der Sendung standen, ihre biografischen Wurzeln in Kanada hatte, nannte sich schlicht genauso: *The Band*. Gitarrist *Robbie Robertson* ist ebenso gebürtiger Kanadier wie Bassgitarrist *Rick Danko*, Keyboarder *Garth Hudson* und Gitarrist *Richard Manuel;* nur Schlagzeuger *Levon Helm* stammt aus Arkansas. *Robertson* war aber schon als 16Jähriger in die US-Südstaaten getrampt, um dort den authentischen Blues aufzusaugen. Als Combo begleiteten sie zunächst den 1935 in Arkansas geborenen Rockabilly-Sänger und Pianisten *Ronnie Hawkins*, bevor sie 1965 zu *Bob Dylan* überliefen – in *Dylans* Haus entstanden dann ja auch die durch Raubpressungen berühmt gewordenen Basement-Tapes.

Neben der Zusammenarbeit mit *Dylan*, die unter anderem das Livealbum „Before The Flood" hervorgebracht hat, gab es aber immer auch *The Band* als eigenes Projekt bis zu ihrem legendären Abschiedskonzert „The Last Waltz" im Jahr 1976 – von *Martin Scorsese* verfilmt und als Dreifach-Album auf Vinyl erhalten. Diesem Ereignis mit zahlreichen hochkarätigen musikalischen Gästen wird ganz sicher mal eine eigene LiveRillen-Sendung gewidmet werden!

Für heute habe ich ihr legendäres „Rock of Ages"-Livealbum aus dem Jahr 1972 ausgewählt, das durch eine komplette Bläsersektion mit bekannten Jazzern bereichert wurde – die 17 Titel spiegeln das mitreißende Können von *The Band* im Wechsel von Vokalsätzen und instrumentalen Passagen kongenial wider. Drei Titel aus diesem Album am Stück: Zunächst „The Weight", anschließend – ebenfalls aus der Feder von *Robbie Robertson* – das treibende „Chest Fever", bei dem die Bläser-Riffs dominieren, und schließlich unvermeidlich beim Thema *The Band*: „The Night They Drove Old Dixie Down" – hier sind *The Band*.

The Band: The Weight / Chest Fever / The Night They Drove Old Dixie Down

In der nächsten LiveRillen-Sendung, die den Streifzug durch die US-amerikanische Musiklandschaft der 1960er und 70er Jahre mit einem Blick auf die reichhaltige Singer-/Songwriter-Szene abschließen wird, werden wir *The Band* noch einmal hören, dann gemeinsam mit *Bob Dylan*, dem sie jahrelang sowohl im Studio als auch live zur Seite gestanden haben.

Hier geht's weiter mit schwermetalligem Bluesrock, kreiert von *Grand Funk Railroad*. An dem Trio um den Sänger und Gitarristen *Mark Farner*, zu dem Schlagzeuger *Don Brewer* und Bassist *Mel Schacher* gehörten, schieden sich durchaus die Geister – während die Kritikerzunft eher ablehnend die Nase rümpfte, jubelte vor allem das junge Rockpublikum in den Städten des amerikanischen Ostens die Band zum Ereignis hoch.

Beim *Atlanta Pop Festival 69* stürmten Fans die Bühne und trugen die Musiker auf ihren Schultern davon, wie einschlägige Quellen berichten. Der Glanz hielt rund zehn Jahre an, zwischenzeitlich war mit *Craig Frost* ein Keyboarder dazugestoßen; in den 80ern hatte sich der Dampframmen-Rock aber überlebt. Schlagzeuger *Don Brewer* und Organist *Craig Frost* tauchten dann bei *Bob Segers Silver Bullet Band* wieder auf, zu der wir im Anschluss noch kommen.

Hier zunächst *Grand Funk Railroad* mit „Paranoid" vom *Atlanta Pop Festival 69* – nicht zu verwechseln mit dem gleichnamigen Titel von *Black Sabbath* – und anschließend vom 1975er Livealbum "Caught In The Act" der *Grand-Funk*-Klassiker „Heartbreaker", der die zweifellos vorhandenen Stärken der Band deutlich werden lässt. Beide Kompositionen von *Mark Farner*, der übrigens – inzwischen 70jährig – immer noch mit eigener Band tourt.

Grand Funk Railroad: Paranoid / Heart Breaker

Danach tut eine musikalische Verschnaufpause ganz gut, und die gönnen wir uns jetzt mit *Bob Seger*. Der Gitarrist und Sänger, 1945 in Michigan geboren, hatte sich in den 1960ern in den verschiedensten Stilen ausprobiert, ohne dabei ein eigenes Gesicht zu finden, und unter anderem mit *Suzi Quatro* und *Glenn Frey* zusammengespielt. Entmutigen ließ er sich nicht, doch sein 1975er Albumtitel „Beautiful Loser" durfte zu dem Zeitpunkt durchaus noch als Markenzeichen für *Bob Seger* gegolten haben.

Dann aber kam der Durchbruch – interessanterweise mit einem Live-Album: „Live Bullet", ebenfalls aus dem Jahr 1975, und dem nachgeschobenen 76er Studio-Album „Night Moves" – den wunderbar nostalgischen, dabei kraftvollen und poetischen Titelsong hören wir gleich.

Kurios allerdings: Mit dem kommerziellen Erfolg schlug das vorherige Kritiker-Lob ins Gegenteil um – plötzlich empfand die Fachpresse den Sänger als zu angepasst, zu wenig innovativ, zu gestrig angesichts von Punk, New Wave und Disco. Wie gut – sollte man meinen –, dass es im Rock diese Widerständigkeit gegen modische Strömungen gibt! Bis heute rund 45 Millionen verkaufte Platten weltweit – es gibt nicht viele Rockmusiker, die da ranreichen. Viel falsch gemacht hat *Bob Seger* also offenkundig nicht.

2017 ist seine bislang letzte Platte erschienen, im selben Jahr war *Bob Seger* noch einmal auf Tour, wenn auch mit einigen gesundheitlichen Problemen, aber vielleicht rappelt er sich nochmal – dann sollte man sich das auf keinen Fall entgehen lassen, denn bei aller Klasse seiner Studio-Alben – live war *Bob Seger* stets am besten, was seine treuen Fans bis heute honorieren.

Hier nun drei Songs von *Bob Seger* – zunächst vom Album „Live Bullet" der „Travellin' Man", danach vom phantastischen Doppelalbum „Nine Tonight", das 1980 bei Konzerten in Detroit und Boston mitgeschnitten wurde, „Night Moves" und schließlich mit „Against The Wind" die *Bob-Seger-*Hymne schlechthin, die man sich auch als Lebensmotto getrost hinter den Spiegel klemmen kann.

Bob Seger: Travellin' Man / Night Moves / Against The Wind

Mit *Bob Segers* Anrennen gegen den Wind sind wir fast am Ende der heutigen LiveRillen-Ausgabe angekommen. Die nächste Sendung ist dann den US-amerikanischen Singer/Songwritern gewidmet, von *Bob Dylan, Bruce Springsteen* und *Tom Petty* über *Harry Chapin* und *Country Joe McDonald* bis zu *Don McLean, Randy Newman* und *Tom Paxton* – wie immer alles live und direkt von Vinyl.

Den heutigen Schlusspunkt setzt mit *Blue Öyster Cult* eine echte Ostküsten-Band, gegründet 1971 in New York. *Eric Bloom*, Keyboarder und Sänger, *Joe Bouchard* am Bass, sein Bruder *Albert* sowie *Rick Downey* am Schlagzeug und die Gitarristen *Donald Roeser* und *Allen Lanier* überzeugten von Beginn an durch ebenso

kraftvolles wie perfektes Zusammenspiel, ausgefeilte Kompositionen in Richtung Progressive Rock und intelligente Texte, zu denen Co-Autor *Richard Meltzer*, ein bekannter Rock-Literat, wesentlich beitrug. Der *Rolling Stone* sprach seinerzeit von einer „vortrefflichen Balance zwischen Ästhetik und Arschtritten". Dabei waren *Blue Öyster Cult* keineswegs Hitproduzenten im eigentlichen Sinne – ihr höchstplatziertes Album in den Charts überhaupt war 1975 eine Liveplatte: „On Your Feet Or On Your Knees" – und die fehlte mir bisher in meiner Sammlung. Aber: Vor wenigen Tagen habe ich sie erwischt, in bestem Second-Hand-Zustand, und daraus gibt's zum Schluss noch ihre Coverversion von „Born To Be Wild". Wie zu Beginn der Sendung beim Thema *Steppenwolf* angekündigt, schließt sich so der Kreis dieser LiveRillen. Zuvor erklingt noch aus der 1982

erschienenen Liveplatte „Extra Terrestrial Live" von *Blue Öyster Cult* mit „Don't Fear The Reaper" deren wohl bekanntester Song – und das war's dann für heute!

Blue Öyster Cult: Don't Fear The Reaper / Born To Be Wild

Quellen:

- The Band: Rock Of Ages, Do.-LP, Capitol, 1972
- Blue Öyster Cult: On Your Feet Or On Your Knees, Do.-LP, CBS, 1975
- Blue Öyster Cult: Extraterrestrial Live, Do.-LP, CBS, 1982
- The Doors: Absolutely Live, Do.-LP, WEA, 1972
- Grand Funk Railroad: Live Album, Do.-LP, Capitol, 1970
- Grand Funk Railroad: Caught In The Act, Do.-LP, Capitol, 1975
- Bob Seger & The Silver Bullet Band: Live Bullet, Do.-LP, EMI, 1976
- Bob Seger & The Silver Bullet Band: Nine Tonight, Do.-LP, EMI, 1980
- Steppenwolf: Early Steppenwolf Recorded In San Francisco 1967, LP, Electrola, 1969
- Steppenwolf: Live, Do.-LP, BMG, 1970
- Steppenwolf: Ride With Me (Live In Sweden 1972), LP, Swingin' Pig Records, 1989

No. 13: From California To The New York Island
USA der 60er/70er Jahre – Teil IV

April 2019

Hier nun der vierte und zunächst abschließende Teil der Serie über die US-amerikanische Musikszene der 1960er bis 80er Jahre. Im Mittelpunkt sollen heute nicht nur die großen, sondern durchaus auch einige der weniger bekannten Singer/Songwriter stehen, die teils als Solisten, teils mit ihren Bands unterwegs waren und sind. Sie präsentieren sich jeweils mit Ausschnitten aus ihren Livealben – wie stets also für uns der analoge Hörgenuss im digitalen Zeitalter.

Es wird nicht verwundern, dass *Bob Dylan* – der in früheren Sendungen bereits hin und wieder auftauchte – heute den Anfang machen darf, ist er doch zweifellos einer der einflussreichsten lebenden Musiker überhaupt, und das nicht erst, seitdem er Literaturnobelpreisträger ist.

Mit der Genrezuordnung ist es bei ihm nicht ganz einfach: Songschreiber und Rockpoet, Gitarrist und Sänger, Mundharmonikaspieler, Exzentriker in jedem Falle und häufig genug missbrauchte Gallionsfigur selbsternannter Welterlöser. 1941 als *Robert Allen Zimmerman* in einer jüdischen Familie in Minnesota geboren, trampte er – ausgestattet mit leidlichen Gitarrenkenntnissen – als Jugendlicher durch die Staaten und kam 20jährig nach einem abgebrochenen Studium nach New York, wo er zunächst Teil und sehr bald einer der führenden Protagonisten der Folksong-Bewegung in Greenwich Village wurde. Legendär sind seine oft poetisch verklausulierten Protestsongs aus den 60ern, die bereits unter seinem Pseudonym *Bob Dylan* veröffentlicht wurden – entlehnt wohl dem an seiner Trunksucht verstorbenen walisischen Dichter *Dylan Thomas* (was *Dylan* mal bestätigte, aber hin und wieder auch bestritt).

Es ist schon erstaunlich, wie dieser schmächtige, zudem stets etwas introvertiert wirkende und nicht eben kommunikative junge Mann in den 1960ern zum Star werden konnte, einer Zeit also, als mit Beat und Rhythm&Blues eigentlich ganz andere Klänge den Ton angaben.

Aus dieser frühen Zeit habe ich ein Konzert ausgewählt, das *Bob Dylan* mit seinen sich schlicht *The Band* nennenden Begleitmusikern (übrigens vornehmlich kanadischer Herkunft) 1966 in der Londoner *Royal Albert Hall* gespielt hat, also kurz nachdem er die Folkies beim *Newport Festival* durch den Griff zur Fender Stratocaster ziemlich verschreckt hatte.

Wir hören zunächst aus dem ersten, dem akustischen Solo-Teil des Konzertes, mit „Just Like A Woman" und "Mr. Tambourine Man" zwei der ganz großen *Dylan*-Klassiker jener Jahre und gleich anschließend aus dem Part mit *The Band* „I Don't Believe You" – *Bob Dylan* im Jahr 1966!

Bob Dylan: Just Like A Woman / Mr. Tambourine Man / I Don't Believe You

Die Zusammenarbeit mit *The Band* um *Robbie Robertson*, aus der unter anderem die legendären, raubgepressten „Basement Tapes" hervorgingen, dauerte dann noch bis weit in die 1970er Jahre hinein. 1974 wurde unter dem Titel „Before The Flood" ein weiteres gemeinsames Livealbum veröffentlicht, das neben Songs von *Bob Dylan* auch einige Klassiker aus dem *Band*-Repertoire enthielt, so etwa „Up On Cripple Creek", „The Shape I'm In", das unverwüstliche „The Night They Drove Old Dixie Down" oder „The Weight", allesamt aus der Feder von *Robbie Robertson*,

 der sowohl als Gitarrist als auch mit seinem Songwriting in den Top-100-Listen des Musikmagazins „Rolling Stone" einen guten Mittelfeldplatz einnimmt. Aber ihn und *The Band* hatte ich ja bereits in der vorigen LiveRillen-Sendung ausführlich vorgestellt.

Deshalb auch aus diesem Konzertalbum von *Bob Dylan* und *The Band* zwei originäre Stücke des Meisters: „It Ain't Me, Baby" und „Ballad Of A Thin Man".

Bob Dylan: It Ain't Me, Baby / Ballad Of A Thin Man

1976 löste sich *The Band* auf – ihr legendäres Abschiedskonzert „The Last Waltz" ist als Konzertfilm und auf einem Dreifach-Album verewigt, das mir irgendwann auch noch eine LiveRillen-Sendung wert sein wird (siehe LiveRillen No. 4, S. 72). Wir bleiben bei *Bob Dylan*, der nach dem Verlust seiner Band immer wieder neue Musiker um sich scharte und dies ja – in wechselnden Besetzungen – bis heute tut. Demnächst ist der inzwischen 77Jährige in der Magdeburger *Gaetec-Arena* zu erleben. Und während er anfangs sogar noch mit seinem Publikum kommunizierte, ist er inzwischen ja zum großen Schweiger mutiert – er lässt halt seine Songs, wenn auch teils stark verfremdet, für sich sprechen.

Im Frühjahr 1978 gastierte *Dylan* mit großer Besetzung im *Nippon Budokan* von Tokyo; ein Konzertpalast, der ursprünglich dem Kampfsport diente und den seither viele Künstler zu Livemitschnitten genutzt haben. Vom dort aufgenommenen Doppelalbum, das mit einem Riesenposter und einem 16seitigen Booklet mit allen Texten auf Japanisch (!) erschienen ist, gibt's nun die großartigen Fassungen von „Forever Young" und – als Konzertzugabe gespielt – „The Times They Are A Changin'" – *Bob Dylan* live at Budokan.

Bob Dylan: Forever Young / The Times They Are A Changin'

1984 dann schon das nächste reguläre Livealbum von *Bob Dylan* – schlicht „Real Live" betitelt. In der Begleitband finden sich ausschließlich bekannte Namen: der Ex-Stones-Gitarrist *Mick Taylor* ist dabei, Keyboarder *Ian McLagan* von den *Faces*, *Colin Allen*, der auch bei *Stone The Crow* an den Drums saß, und Bassist *Greg Sutton*, der als Songschreiber unter anderem für *Joe Cocker, Jeff Healey* oder *John Farnham* erfolgreich war. In dieser illustren Besetzung wurde unter anderem der druckvolle Anti-Kriegs-Song „Masters Of War" dargeboten, den ich aus diesem Konzertmitschnitt ausgewählt habe.

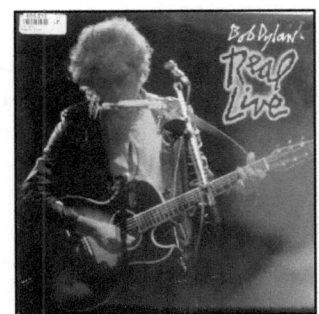

Dylan: Masters Of War

Dylan gilt ja als ziemlich schwieriger Charakter, ein Eigenbrötler mit fast autistischen Zügen – *Joan Baez* kann sicher mehr als ein Lied davon singen, und Freundschaften entstehen da eher selten. Eine der ganz großen Ausnahmen bildete *Tom Petty*, der vor anderthalb Jahren verstorbene Sänger, Gitarrist und Songschreiber. Mit ihm verband *Dylan* mehr als Kollegialität, was sich nicht zuletzt in vielen gemeinsamen Projekten niederschlug – darunter die legendären *Travellin' Wilburys*.

In den 1980ern spielten *Dylan* und *Petty* etliche umjubelte Konzerte, darunter eines für den US-Radiosender KSAN-FM. Als Begleitband waren natürlich die Musiker der *Heartbreakers* dabei. Der 1986 entstandene Mitschnitt ist 2015 auf dem Label RoxVox als Doppelalbum in wirklich beeindruckender Tonqualität erschienen. Und zum Abschluss des *Dylan*-Blocks in der heutigen LiveRillen-Ausgabe über die

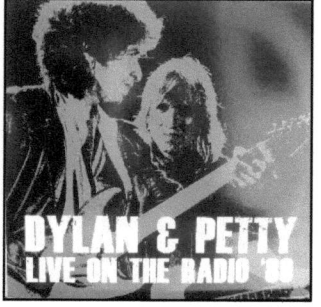

Singer/Songwriter-Szene Nordamerikas gibt's im Doppelpack zwei *Dylan*-Stücke, die unzählige Male gecovert wurden und zu den zweifellos beliebtesten Lagerfeuer-Songs ever gehören: „Like A Rolling Stone" und „Knockin' On Heaven's Door". Hier sind *Bob Dylan, Tom Petty* und die *Heartbreakers*.

Dylan/Petty: Like A Rolling Stone / Knockin' On Heaven's Door

Bob Dylan gemeinsam mit seinem Kumpel *Tom Petty* live 1986. Ein Jahr später – im Sommer 1987 – gastierten beide in der DDR auf der Freilichtbühne Berlin-Weißensee – *Tom Petty* und die *Heartbreakers* als Vorband, *Bob Dylan* dann als Haupt-Act – für viele, die dabei waren, war der abwesend wirkende Meister allerdings eine mittlere Enttäuschung.

Nun noch etwas ausführlicher zu *Tom Petty* selbst. 1952 in Florida geboren, spielte und sang er zunächst in lokalen Bands, bevor Mitte der 70er Jahre die *Heartbreakers* entstanden, mit denen *Petty* in kaum wechselnder Besetzung bis zum Schluss zusammenspielte. Sein Songwriting besticht durch Geradlinigkeit – manche mögen das nicht besonders aufregend finden, aber der Erfolg in den 80ern und 90ern gab dem umtriebigen Musiker allemal recht. Seine Freundschaft mit Ex-Beatle *George Harrison*, dem gestandenen Sänger *Roy Orbison*, dem ex-*Move*- und *ELO*-Gitarristen *Jeff Lynne* und eben *Bob Dylan* führte zu jenem mit großer Spielfreude musizierenden Projekt *Travellin Wilburys*, von dem schon die Rede war. Weiter zählten auch *Ringo Starr* und *Johnny Cash* zu *Tom Pettys* engerem

Freundeskreis. Im Mittelpunkt stand für *Petty* aber doch stets die Arbeit mit den *Heartbreakers*. Hier zunächst von ihrem Live-Album „Pack Up The Plantation", das 1985 erschienen ist, das stadiontaugliche „Rebels" und anschließend eine wunderbar sparsame Version von „Insider", im Duett mit *Stevie Nicks* von *Fleetwood Mac* dargeboten.

Tom Petty: Rebels / Insider

2015 ist *Tom Petty* verstorben, offiziell an einer Überdosis eines opiumhaltigen Schmerzmittels. Daraus lässt sich Kapital schlagen, dachte sich das britische Bootleg-Label LTEV (Let Them Eat Vinyl) und veröffentlichte im selben Jahr „Southern Accents In The Sunshine State", ein Livealbum, dessen Aufnahmen 1993 in *Pettys* Geburtsstadt Gainesville in Florida für eine Radioübertragung mitgeschnitten worden waren. Beste Tonqualität also, und ich habe jenes Stück ausgewählt, mit dem *Tom Petty* mal wieder nachgewiesen hat, dass man mit nur drei Akkorden einen Gänsehaut erzeugenden Hit basteln kann: „Free Fallin'"!

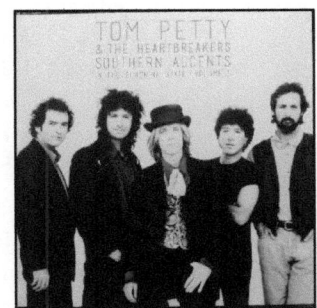

Tom Petty: Free Fallin'

Nach *Bob Dylan* und *Tom Petty* nun ein US-amerikanischer Künstler, der zu Unrecht fast vergessen ist, was seinem frühen Tod geschuldet sein dürfte: *Harry Chapin*. Der 1942 in New York geborene Sänger, Gitarrist und Songschreiber galt in den frühen Siebzigern als wichtigste Stimme im ambitionierten, sozialkritischen Genre, von der Fachpresse mit Etiketten wie „Jaques Brel der Arbeiterklasse" bedacht.

Mit einer rein akustisch musizierenden Band, zu der mit *Mike Masters* auch ein klassisch ausgebildeter Cellist gehörte, spielte *Chapin* jährlich bis zu 200 Konzerte; einen Großteil der Einnahmen spendete er der Welthungerhilfe und anderen sozialen Organisationen. Künstlerische Haltung und privates Engagement in seltener Übereinstimmung. Rund zehn Studioalben entstanden während der 70er Jahre, dazu das 1976 aufgenommene Konzertalbum „Greatest Stories – Live".

Im Juli 1981 verunglückte *Harry Chapin* tödlich – auf der Fahrt zu einem seiner Benefiz-Konzerte. Die *New York Times* schrieb seinerzeit in ihrem Nachruf: „*Viele Musiker haben mehr Platten als Harry verkauft; aber keiner gab mehr als er – an Geld, an Zeit, an Energie*".

Damit hat er es mehr als verdient, in dieser LiveRillen-Ausgabe gewürdigt zu werden, indem seine Musik erklingen soll. Hier sind zwei Titel vom erwähnten Live-Doppelalbum: zunächst eine heiter-melancholische Alltagsstory über einen gewissen „Mr. Tanner", der beruflich Kleider reinigt, dessen Liebe aber der Musik, genauer dem Bariton-Gesang gehört – die große Karriere bleibt ihm verwehrt, doch seine Leidenschaft macht ihn dennoch glücklich.

Danach „A Better Place To Be" – eine melancholische Geschichte, die frühmorgens in einer Bar spielt, wo ein müder, kleiner Mann dem Barmädchen die Geschichte seiner verlorenen Liebe erzählt und die Einsamkeit sozusagen mit den Ohren zu greifen ist. Der begnadete Geschichtenerzähler *Harry Chapin* mit seiner Band!

Harry Chapin: Mr. Tanner / A Better Place To Be

Harry Chapin, der mit nur 38 Jahren tödlich verunglückte Songwriter aus New York, mit Konzertaufnahmen aus dem Jahr 1976. Eine echte Empfehlung – diesen wunderbaren Storyteller unbedingt wiederzuentdecken!

Drei Songwriter der nordamerikanischen Szene sollen in dieser Sendung noch zum gesungenen Wort kommen, also ist Eile geboten. Zunächst *Randy Newman*. Ein Jahr jünger als *Harry Chapin*, wurde *Newman* 1943 in Los Angeles geboren. Musik wurde ihm quasi in die Wiege gelegt; sein Vater und mehrere Familienmitglieder waren einschlägig vorbelastet. Er genoss bereits als Kind Klavierunterricht und begann schon als Jugendlicher mit dem Songschreiben. Für eine große Popkarriere war *Randy Newman* allerdings viel zu schräg, seine satirischen, oft geradezu zynischen Texte ätzten, seine Kompositionen haben demgegenüber oft eine gewisse ironische Gefälligkeit. Dennoch oder gerade deshalb war und ist er eine echte Ikone, eine Kultfigur der Songwriter-Gilde – einer ferner Verwandter im Geiste des Österreichers *Georg Kreisler* vielleicht. Wie dieser gern live allein am Klavier, scharten sich für seine Studioproduktionen durchaus prominente Musikerfreunde um den Anti-Star, darunter die *Eagles, Paul Simon, George Harrison, Elton John* oder *Mark Knopfler*.

Und andere machten seine Songs zu echten Welthits – da sei nur auf „Mama Told Me Not To Come" in der Version von *Three Dog Night* verwiesen.

Tja, und genau das Stück hören wir jetzt gleich, von der Live-Platte, die 1971 erschien und zunächst als Werbegeschenk der Plattenfirma gedacht war, dann aber

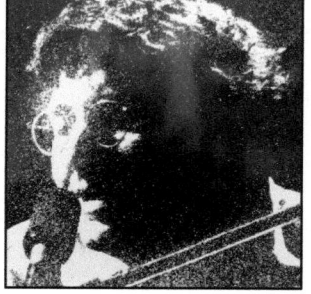

doch überraschend 60.000 Käufer fand.

Und nach dieser mütterlichen Warnung vor wilden Partys dann noch „Tickle Me" und „I'll Be Home" – lassen wir uns also alle mal kitzeln, um die Laune zu heben, und lauschen anschließend einem ungewohnt zärtlichen *Randy Newman*.

Randy Newman: Mama Told Me Not To Come / Tickle Me / I'll Be Home

Später Ruhm hat ihn nun doch ereilt: Seit 2010 hat *Randy Newman* auf dem *Walk Of Fame* einen Stern, 2013 wurde er in die *Rock and Roll Hall of Fame* aufgenommen, und in der Top-100-Liste des *Rolling Stone* rangiert er unter den Songschreibern auf Platz 25!

Nun zu *Tom Paxton*, dem derartige Ehrungen bis heute verwehrt geblieben sind. Verdient hätte er sie aus meiner Sicht allemal!

1937 in Chicago geboren, ist der inzwischen 81Jährige noch immer auf Tour – im Sommer spielt er mehrere Konzerte in England, und ich überlege allen Ernstes, ihn mir dort einmal anzuhören – man muss die Gelegenheiten ja nutzen, die sicher nicht mehr so häufig kommen werden.

Tom Paxton gehörte Anfang der 60er zur Folkszene des New Yorker Greenwich Village, in dem ja auch *Bob Dylan* musikalisch sozialisiert wurde. Seit 1963 ist er noch immer mit derselben Frau verheiratet – durchaus eine Seltenheit in der Szene. Und inzwischen hat der mehrfache Vater und Großvater auch das Kinderlied für sich entdeckt.

Sein Hauptwerk aber bleiben mehrere hundert Folksongs, viele davon mit sozialkritischem und pazifistischem Zuschnitt.

1970 wurde ein *Tom-Paxton*-Konzert mit akustischer Begleitband im New Yorker *Bitter End* für ein Livealbum mitgeschnitten. Als Verbeugung vor einem ganz Großen, der leider heute eben auch zu den ganz großen Unbekannten zählt, zwei Titel aus diesem Album: Zunächst „Morning Again" – ein verhalten optimistisches Aufbruchslied mit nachdenklichem Ende: *Ich stolpere über jene Dinge, die ich gern getan hätte*, singt *Paxton* da. Danach "Can't Help But Wonder Where I'm Bound" – ein gesungenes Road-Movie mit der wiederkehrenden Frage nach dem Anker des Lebens, nach dem Hafen, in dem man angebunden sein könnte. Hier ist der großartige *Tom Paxton*.

Tom Paxton: Morning Again / Can't Help But Wonder Where I'm Bound

Zum Ausklang der heutigen LiveRillen, die den US-amerikanischen Singer/Songwritern gewidmet waren, noch ein kleiner Etiketten-Schwindel: *Neil Young* ist natürlich Kanadier, und das soll und will er wohl auch bleiben (Anmerkung: Seit Januar 2020 besitzt er auch die US-amerikanische Staatsbürgerschaft). Aber aufgrund seiner immensen Bedeutung für die nordamerikanische Singer/Songwriter-Szene darf und soll sein „Cortez The Killer" diese Sendung beschließen – zu *Neil Young*, der Anfang Juli in Dresden und

Berlin live zu erleben sein wird, und seinen diversen Stationen in einer späteren Sendung mehr – versprochen!

Neil Young: Cortez The Killer

Die nächste Ausgabe der LiveRillen präsentiert im Mai Konzertplatten von und rund um *Deep Purple* – also *Rainbow, Whitesnake, Ian Gillan, Glen Hughes* und so weiter... - da geht's dann etwas härter zur Sache!

Quellen:

- ➤ Harry Chapin: Greatest Stories Live, Do.-LP, Elektra, 1976
- ➤ Bob Dylan: The Real Royal Albert Hall 1966 Concert, Do.-LP, Columbia, 2016
- ➤ Bob Dylan/The Band: Before The Flood, Do.-LP, Asylum, 1974
- ➤ Bob Dylan: At Budokan, Do.-LP, CBS, 1978
- ➤ Bob Dylan: Real Live, LP, CBS, 1984
- ➤ Dylan & Petty: Live On The Radio '86, Do.-LP, ROXVOX, 2015
- ➤ Randy Newman: LIVE, LP, Warner, 1971
- ➤ Tom Paxton: The Compleat Tom Paxton Recorded Live, Do.-LP, Elektra, 1972
- ➤ Tom Petty & The Heartbreakers: Pack Up The Plantation Live!, Do.-LP, MCA, 1985
- ➤ Tom Petty & The Heartbreakers: Southern Accents, Do.-LP, LTEV, 2015
- ➤ Neil Young & Crazy Horse: Live Rust, Do.-LP, Warner, 1979

No. 14: Deep Purple – die Grundfarbe des Hardrock

Mai 2019

Nachdem die Liveszene der USA die letzten vier Sendungen dominierte, starten wir heute wieder im Mutterland der Beatmusik, und zwar am Ende der 1960er Jahre, die zum entscheidenden Jahrzehnt für die Popkultur wurden, und dies nicht nur durch die *Beatles* und die *Rolling Stones*, sondern auch durch diese Band und ihre inzwischen ein gutes halbes Jahrhundert umspannende Geschichte: *Deep Purple*. Und diese Geschichte scheint auch noch nicht zu Ende zu sein – zu Beginn dieses Jahres ließ der aktuelle *Purple*-Gitarrist *Steve Morse* verlauten, man arbeite an neuen Titeln und plane auch eine Tournee, und wer sie im vergangenen Jahr – wie ich in Leipzig – erlebt hat, der mag auch an kein baldiges Ende glauben. Zumindest ein *Deep-Purple*-Konzert ist für dieses Jahr bereits angekündigt – am 1. Dezember im österreichischen Klagenfurt.

Doch ich greife vor – zunächst soll ja die frühe Phase der Band gewürdigt werden, die im Frühjahr 1968 begann. Zu diesem Zeitpunkt gab es weder den Begriff „Hard Rock" noch war klar, dass *Deep Purple* zu dessen Geburtshelfern gehören würden. Die ersten Songs der Gruppe – darunter „One More Rainy Day" oder auch der kleine Hit „Hush" – klangen nämlich noch wesentlich zahmer als das, was beispielsweise *The Who* zur selben Zeit ablieferten. Keyboarder *John Lord*, der klassische Musik studiert und kurzzeitig bei den *Flowerpot Men* gespielt hatte, dominierte das musikalische Konzept mit seiner filigranen Ästhetik, an der sich der Gitarrist *Ritchie Blackmore* von Beginn an rieb. Und nachdem von der Erstbesetzung neben Schlagzeuger *Ian Paice* nur diese beiden übriggeblieben waren und genau vor einem halben Jahrhundert Sänger *Ian Gillan* und Bassist *Roger Glover* hinzustießen, ließ der Erfolg nicht lange auf sich warten.

Ihre ersten Chartplatzierungen feierten *Deep Purple* allerdings in den USA – in ihrem Heimatland gelang der Durchbruch ausgerechnet mit einem konzertanten Mammutwerk aus der Feder von *John Lord*: das „Concerto for Group and Orchestra", 1969 uraufgeführt mit dem *Royal Philharmonic Orchestra* unter dem Dirigat von *Malcolm Arnold* in der Londoner *Royal Albert Hall*. Mehr Ehre geht ja kaum…

Damit steigen wir in die heutigen LiveRillen ein – zugegeben ungewohnte Klänge auf diesem Sendeplatz, aber ganz sicher einer der Meilensteine der Popmusik auf ihrem Weg des Erwachsen-Werdens, und das vor genau 50 Jahren. Hier sind *Deep Purple* mit ganz großem Orchester live: das

„Second Movement – Andante Conclusion" aus *John Lords* Konzert für Orchester und Band aus dem Jahr 1969.

Deep Purple: Second Movement

Nun aber Soundwechsel hin zu jenen Klängen, mit denen *Deep Purple* um 1970 herum das Spektrum der populären Musik erweitern halfen – gemeinsam mit *Led Zeppelin, Black Sabbath, Iron Butterfly* oder *Free*, die allesamt zu den Wegbereitern des Hard Rock und späteren Heavy Metal gehörten.

1980 wurden Konzertmitschnitte von *Deep Purple* aus den Jahren 1970 bis 72 auf einem Doppelalbum unter dem Titel „The Unreleased BBC-Tapes" veröffentlicht, die die Band in Hochform zeigen. Daraus zunächst „Speed King", das 1970 das Studioalbum „Deep Purple in Rock" eröffnet hatte. Eine Musikzeitschrift schrieb seinerzeit, mit diesem Stück habe *Ritchie Blackmore* die gesamte bisherige Beat-Ära quasi zur Historie erklärt.

Gleich anschließend „Highway Star", das zwei Jahre später die LP „Machine Head" eröffnete – ähnlich fulminant wie „Speed King" und Zeichen für die Dominanz von *Ritchie Blackmore* in dieser Phase der Band, auch wenn als Urheber ganz demokratisch jeweils alle fünf Musiker genannt werden. Also – Dampframme an – hier sind *Deep Purple*.

Deep Purple: Speed King / Highway Star

Gerade aus dieser musikalischen Spannung zwischen *Ritchie Blackmores* Gitarre und *John Lords* Orgelspiel, die häufig genug in einen Wettstreit auszuarten scheint, bezogen *Deep Purple* in dieser Phase ihre unglaubliche Energie, die insbesondere ihre ausgedehnten Tourneen rund um den Erdball zu Erfolgsgeschichten machte. *Deep Purple* funktionierten sozusagen wie eine gut geölte Rockmaschine, auch wenn hinter den Kulissen – und mitunter sogar auf der Bühne – schon mal die Fetzen flogen und einiges zu Bruch ging.

Hier nun einer der unverzichtbaren Klassiker der Band, anfangs geprägt von *John Lords* Orgelspiel, das natürlich gitarristisch nicht unbeantwortet bleibt, und vor allem durch die sich in unglaubliche Höhen schraubenden Vokalisen von *Ian Gillan*: „Child In Time", ausschließlich gestaltet auf den simplen Akkordwechseln G-Dur/A-Moll und F-Dur/G-Dur. Das aber reicht aus für zehn Minuten *Deep Purple at it's best!*

Deep Purple: Child In Time

Im August 1972 gastierten *Deep Purple* erstmals in Japan. Das bei Konzerten in Osaka und Tokyo mitgeschnittene Doppelalbum „Made In Japan" gehört zweifellos zu den populärsten Konzertmitschnitten der Rockhistorie. Daraus spiele ich jenen Titel, dessen einprägsames Riff auf ewig mit *Deep Purple* verbunden bleibt: „Smoke On The Water". Fluch und Segen zugleich: der Titel hielt sich weltweit in den Charts, wurde millionenfach verkauft, als Song in die *Rock and Roll Hall of Fame* aufgenommen und inspiriert Luftgitarristen bis heute zu akrobatischen Höchstleistungen. Andererseits war seine Simplizität dem Erfinder *Ritchie Blackmore* bald so zuwider, dass er sich hin und wieder weigerte, das Stück im Konzert mitzuspielen.

Der Song selbst hat ja einen authentischen Hintergrund: Während der Arbeit an ihrer LP „Machine Head", zu der sich *Deep Purple* das Rolling-Stones-Studio-Mobil gemietet hatten, um damit im schweizerischen Montreux zu produzieren, spielten gleich nebenan *Frank Zappa* und seine *Mothers Of Invention*. Während des Konzertes brach im Saal ein Feuer aus, wahrscheinlich durch die Unvorsichtigkeit eines Fans verursacht, und das Casino brannte vollständig ab. Menschen kamen glücklicherweise nicht zu Schaden, aber dicker schwarzer Rauch waberte über dem Genfer See – eben *Smoke on the Water*. Und genau das hören wir jetzt – Made in Japan!

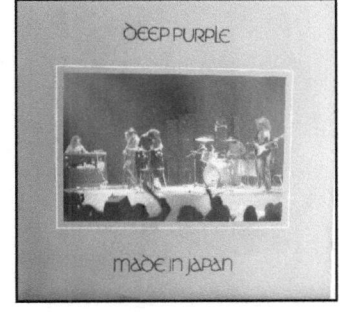

Deep Purple: Smoke On The Water

Deep Purple und "Smoke On The Water" im Jahr 1972 live in Japan. Das war auch zugleich der Anfang vom Ende ihrer erfolgreichsten Phase: 1973 stiegen *Ian Gillan* und *Roger Glover* aus und wurden durch den Sänger *David Coverdale* sowie *Glenn Hughes* am Bass ersetzt.

1975 ging – nach endlosen Querelen mit *John Lord* – dann auch *Ritchie Blackmore* von Bord; für ihn kam der hoch talentierte *Tommy Bolin*, der zuvor bei der *James Gang* gespielt und mit *Billy Cobham* auch jazzige Erfahrungen gesammelt hatte. Vor diesem einschneidenden Wechsel wurde – quasi als Gegenstück zu „Made in Japan" – auf dem bandeigenen Label noch das Album „Made in Europe" veröffentlicht. Darauf finden sich mehrere Stücke, die *Ritchie Blackmore* gemeinsam mit dem neuen Sänger *David Coverdale* gestrickt hatte, und insbesondere das schwere, bluesige „Mistreated" hat das Zeug zum Klassiker, nicht zuletzt durch den explosiven Gesangsstil von *Coverdale*. Ob sich die Klage des Missverstandenen an den Bandkollegen *John Lord* richtete, sei mal dahingestellt…

Hier also von der Liveplatte „Made in Europe" *Deep Purple* mit „Mistreated" aus der Feder von *Blackmore* und *Coverdale*.

Deep Purple: Mistreated

Mitgeschnitten wurde „Made In Europe" übrigens bei Konzerten in Graz, Saarbrücken und Paris – und die waren zugleich auch der einstweilige Abschied von *Ritchie Blackmore*, der unter dem Namen *Rainbow* umgehend eine eigene Hardrockband formierte, zu der wir noch kommen.

Seinen Platz bei *Deep Purple* nahm *Tommy Bolin* ein, 1951 als Sohn eines Schweden und einer syrischen Mutter in den USA geboren. In dieser Besetzung gastierten *Deep Purple* – nach dem Studioalbum „Come Taste The Band" – schon im Dezember 1975 erneut im Land der aufgehenden Sonne.

Dass der 1977 veröffentlichte Konzertmitschnitt „Last Concert In Japan" heißt, hat einen traurigen Grund: *Tommy Bolin* ist im Dezember 1976 an einer Überdosis Heroin verstorben – da war er gerade mal 25 Jahre alt. Das Livealbum ist ihm ausdrücklich als musikalisches Vermächtnis gewidmet. Von dieser feinen Platte hier „Woman From Tokyo" – an der Gitarre *Tommy Bolin*.

Deep Purple: Woman From Tokyo

Der damalige *Deep-Purple*-Bassist *Glenn Hughes* hat seinem kurzzeitigen Weggefährten *Tommy Bolin* später ein ganzes Livealbum gewidmet, das er mit eigener Band 1993 im schwedischen Göteborg vor kleinem Auditorium aufgenommen hat. Auf dem Cover der als limitierter Bootleg erschienenen, knallroten Vinylscheibe steht *„This Album is dedicated to my brother in heaven, Mr. Tommy Bolin, whereever you are tonight…"*. Und vielleicht schwebte der Geist des früh Verstorbenen auch tatsächlich an jenem Abend des 10. September 93 durch den Göteburger *Zoo Club*, wer weiß…

Von dieser höchst seltenen Live-Platte, die *Glenn Hughes* ebenso wie sein Studioalbum „From Now On…" mit Musikern der schwedischen Hardrockband *Europe* eingespielt hat, hier das *Tommy Bolin* gewidmete Stück „You Keep On Moving".

Und anschließend schauen wir dann mal auf weitere Projekte, die sich im Laufe der Jahre rund um *Deep Purple* ergeben haben…

Glenn Hughes: You Keep On Moving

Was zum Beispiel hatte *Ritchie Blackmore* nach seiner Zeit bei *Deep Purple* zu bieten? Nun – seine 1975 gegründete Combo *Rainbow* machte genau da weiter, wo er mit *Deep Purple* aufhören musste: Gradliniger Dampframmen-Rock mit viel Raum für seine gitarristische Virtuosität, die sich durchaus auch in ruhigeren, balladesken Passagen zeigen durfte.

Mit dem Sänger *Ronnie James Dio*, der zuvor mit der Band *Elf* im Vorprogramm von *Deep Purple* aufgetreten war, fand *Blackmore* einen kongenialen Frontmann, und mit den gestandenen Rockern *Cozy Powell*, der schon bei *Jeff Beck, Gary Moore* oder *Robert Plant* getrommelt hatte, und *Tony Carey* an den Tasten (der später sogar mal mit *Peter Maffay* zusammenarbeiten würde) sowie *Jimmy Bain* am Bass, der eine Zeitlang auch bei *Thin Lizzy* spielte und 2016 verstorben ist, entstand 1977 das Live-Doppelalbum „Rainbow – On Stage".

Daraus hier das viertelstündige Mammutwerk „Catch The Rainbow", das eine beachtliche dynamische Bandbreite offenbart – *Ritchie Blackmores Rainbow* live im Konzert.

Rainbow: Catch The Rainbow

In der Folge war *Ritchie Blackmore Rainbow* von häufigen Personalwechseln gekennzeichnet, und genau 20 Jahre nach dem Livealbum „On Stage" entdeckte *Blackmore* durch die Sängerin *Candice Night*, die er 2008 heiratete, das musikalische Mittelalter für sich und bereichert seitdem als *Blackmore's Night* diese Szene mit relativ eintönigen Elaboraten, die wir uns in den LiveRillen gern ersparen…

Rasch weiter zur Weißen Schlange – *Whitesnake*, wo mit *John Lord, Ian Paice* und *David Coverdale* um 1980 herum immerhin drei ehemalige *Deep-Purple*-Mitglieder gemeinsam den Hardrock hochleben ließen. Unterstützt wurden sie dabei von den Gitarristen *Micky Moody* und *Bernie Marsden*, beide zuvor bei *Juicy Lucy* aktiv; am Bass komplettierte der Schotte *Neil Murray* das Sextett.

Aus dem 1980 erschienenen Live-Doppelalbum „In The Heart Of The City" zwei Titel von *Whitesnake* – zunächst „Trouble", aufgenommen 1978 im *Hammersmith Odeon*, danach „Walking In The Shadow Of The Blues" von 1980, beides Kompositionen von *Bernie Marsden* auf Texte von *David Coverdale*, der seinen Ruf als eine der besten weißen Bluesrock-Stimmen bei *Whitesnake* festigen kann.

Whitesnake: Trouble / Walking In The Shadow Of The Blues

Und auch der frühere *Deep-Purple*-Sänger *Ian Gillan* hatte die Hände nicht in den Schoß gelegt, sondern 1977 die *Ian Gillan Band* gegründet, die ihm den musikalischen Spielraum für sein wandlungsfähiges Organ eröffnete.

1981 erschienen sein Doppelalbum „Double Trouble", das neben Studioproduktionen auch Livemitschnitte enthält, so auch die Bluesnummer „If You Believe Me".

Allerdings war auch die *Ian Gillan Band* – wie die übrigen *Deep-Purple*-Ableger –

von zahlreichen Personalwechseln gekennzeichnet, aber irgendwie gelang es den zentralen Musikern doch zumeist, gute Leute aus der Hardrock-Szene um sich zu scharen und damit die Qualität ihrer Projekte zu sichern.

Hier ist die *Ian Gillan Band* live mit „If You Believe Me".

Ian Gillan Band: If You Believe Me

Zum Abschluss der heutigen LiveRillen kommen wir noch einmal auf den Ausgangspunkt der Sendung zurück: *Deep Purple* – seit über 50 Jahren aktiv und scheinbar kein Ende in Sicht! Wie bereits gesagt, arbeitet die aktuelle Besetzung um den Gitarristen *Steve Morse* und Keyboarder *Don Airey* derzeit an einer neuen Platte, und live soll auch wieder gespielt werden – wir bleiben gespannt!

Zum Schluss noch ein paar Takte jener *Deep-Purple*-Besetzung, die in den späten 90er Jahren durch den Neuzugang *Steve Morse*, der unter anderem bei *Kansas* und den *Dixie Dregs* gespielt hatte, wieder mehr Stabilität erhielt.

Am 20. April 1999 – ziemlich genau also vor 20 Jahren – wurde ein *Deep Purple*-Konzert im *Melbourne Park* in Australien mitgeschnitten; das Doppelalbum „Total A Ban Don Australia '99" ist seit 2012 als Wiederveröffentlichung erhältlich und lohnt sich unbedingt!

Neben *Steve Morse* steht dabei die komplette Erfolgsband der frühen 70er Jahre auf der Bühne: *Ian Gillan*, der stimmlich einen sehr guten Tag erwischt hat, dazu *John Lord*, der kurz darauf schwer erkrankte, Bassist *Roger Glover*, der zwischenzeitlich auch als Produzent für *Nazareth* oder *Rory Gallagher* aktiv gewesen war, sowie *Ian Paice* am Schlagzeug.

So sind sie auch heute noch aktiv, nur für den 2012 verstorbenen *John Lord* drückt *Don Airey* die Tasten. Dessen musikalische Vita liest sich wie ein Who is Who der

Rockgeschichte und reicht von *Colosseum* und *Black Sabbath* über *Gary Moore* und *Jethro Tull* bis zu *Whitesnake,* der *Michael Schenker Group* und *Rainbow.*

In der nächsten LiveRille im Juni geht's um die Band *Wishbone Ash* und ihren legendären Dual-Guitar-Sound, der seit 50 Jahren begeistert – als seinerzeit noch kaum bekannte britische Newcomer waren sie übrigens im Jahr 1970 Vorband für – *Deep Purple.* So schließt sich der heutige Kreis – mit *Deep Purple* und „Watching The Sky" – live in Melbourne 1999.

Deep Purple: Watching The Sky

Quellen:

➢ Deep Purple: In Live Concert At The Royal Albert Hall, LP, EMI/Harvest, 1971
➢ Deep Purple: In Concert / The Unreleased BBC-Tapes 1970/72, Do.-LP, 1980
➢ Deep Purple: Made In Japan, Do.-LP, Electrola, 1972
➢ Deep Purple: Made In Europe, LP, EMI, 1976
➢ Deep Purple: Last Concert In Japan, LP, EMI/Electrola, 1977
➢ Deep Purple: Total A Ban Don Australia '99, Do.-LP, Eagle, 2012
➢ Ian Gillan Band: Double Trouble, Do.-LP (2. Platte live), Virgin, 1981
➢ Glenn Hughes: Made In Sweden, LP, Holy Man Records, 1993
➢ Rainbow: On Stage, Do.-LP, Polydor, 1977
➢ Whitesnake: Live… In The Heart Of The City, Do.-LP, EMI/Electrola, 1980

No. 15: Wishbone Ash – The Sound of Twin-Guitars
Juni 2019

Die Stammhörer unter euch werden sich erinnern – in der Mai-Sendung der LiveRillen ging es um *Deep Purple* und ihre diversen Band-Ableger wie *Rainbow*, *Whitesnake* oder die *Ian-Gillan-Band*. Von dort ergibt sich zum Gegenstand der heutigen Sendung eine unmittelbare Verbindung, die fast 50 Jahre zurückliegt: Bei ihrer 1970er Konzerttournee hatten sich nämlich *Deep Purple* – zu dem Zeitpunkt bereits gestandene Rockgrößen – eine britische Newcomer-Band als Vorgruppe eingeladen, die sich erst ein Jahr zuvor in London gegründet hatte: *Wishbone Ash*. Ganz sicher war diese Tour für das junge Quartett ein wichtiger Karriere-Schub, der dazu führte, dass der „Melody Maker" *Wishbone Ash* im Jahr 1972 zur beliebtesten Newcomer-Band Großbritanniens wählte und zudem ihr Album „Argus" als „Album des Jahres" auszeichnete, was die Musikzeitschrift „Sounds" übrigens genau so sah.

Das Erfolgsrezept der vierköpfigen Band lautet, auf den Punkt gebracht: *Dual Guitar Sound*, gern auch als *Twin-Guitars*, die Zwillingsgitarren, bezeichnet. Auf Keyboardklänge wird konsequent verzichtet, dafür gibt es zwei gleichwertige Leadgitarren, die sich im melodiösen Wechselspiel kongenial ergänzen, dazu interessant aufgebaute Kompositionen mit oft spannungsreichem dramaturgischem Verlauf, ausgefeilte Satzgesänge und ein insgesamt perfektes Zusammenspiel. Zudem ein für die frühen Siebziger überraschend ausgewogener Live-Sound, der weniger auf Lautstärke setzte als vielmehr auf ästhetischen Genuss. Das alles prägte dann auch das erste Konzertalbum von *Wishbone Ash*, das 1973 unter dem Titel „Live Dates" bei MCA Records erschien und die genannten Vorzüge der Band überzeugend präsentierte.

Zum Einstieg habe ich die komplette A-Seite des Albums ausgewählt, die mit „The King Will Come", „Warrior" und „Through Down The Sword" jene drei Stücke enthält, die rasch zu Klassikern avancierten und auch heute bei keinem *Wishbone-Ash*-Konzert fehlen dürfen – denn, das sei vorweggenommen, sie

existieren nach fünf Jahrzehnten Bandgeschichte noch immer. Dazu später mehr – hier zunächst *Wishbone Ash* live aus dem Jahr 1973.

Wishbone Ash: The King Will Come / Warrior / Through Down The Sword

Wishbone Ash mit ihrem unverkennbaren Markenzeichen, dem soundprägenden Zusammenspiel zweier Leadgitarren. Die befanden sich seinerzeit in den Händen der Bandgründer *Andy Powell* und *Ted Turner*, beide Jahrgang 1950 und somit gerade mal 19 Jahre alt, als es losging mit *Wishbone Ash* und ihrem steilen Aufstieg. Das Quartett komplettierten seinerzeit der Schlagzeuger *Steve Upton* und *Martin Turner* am Bass – beide *Turners* sind übrigens nicht miteinander verwandt.

Die eingespielte Rhythmusgruppe hatte zuvor bereits in der westenglischen Band *Empty Vessels* gemeinsam musiziert, deren Bekanntheit allerdings regional begrenzt blieb. Der Durchbruch gelang dann erst in London, dem rock- und bluesgetränkten Schmelztiegel mit seinen zahllosen Clubs und Bands am Ende der 1960er Jahre.

Dass auch *Wishbone Ash* nicht ganz unbeeinflusst vom Blues waren, sollen die beiden folgenden Titel zeigen – beide ebenfalls auf „Live Dates" enthalten, dem erfolgreichen Konzertalbum der Band, das sich immerhin 18 Wochen lang in den US-amerikanischen Charts, den Billboards 200, halten konnte – ein ungewöhnlicher Erfolg für eine britische Newcomer-Band, die zu diesem Zeitpunkt gerade mal zwei Studioplatten veröffentlicht hatte.

Zunächst „Lady Whiskey" – ein ziemlich bitterer Song aus eigener Feder auf den sozialen und moralischen Verfall durch die hochprozentige Droge – und anschließend ein *Jimmy-Reed*-Standard aus den späten 50er Jahren: „Baby What You Want Me To Do", den auch *Elvis Presley* im Repertoire hatte: *„Du hast mich dazu gebracht, zu tun, was du willst / Also Baby, warum willst du jetzt loslassen?"*

Wishbone Ash: Lady Whiskey / Baby What You Want Me To Do

Bei den hier von *Andy Powell* und *Ted Turner* zelebrierten Gitarrenparts geht es ja nicht vordergründig um Rasanz und Tempo – bei *Wishbone Ash* stand und steht stets die Melodie im Vordergrund, die wechselseitige Ergänzung der Leadgitarren, die in teilweise sehr eng geführten Läufen Spannung und Harmonie zu einer ästhetischen Einheit verschmelzen. Und weil das nicht nur im Studio dank ausgeklügelter Technik und endloser Wiederholungsmöglichkeiten klappte, sondern in beeindruckender Perfektion auch auf der Konzertbühne, avancierten *Wishbone Ash* in den 1970er Jahren zu den beliebtesten und erfolgreichsten Livebands weltweit. So war es keineswegs verwunderlich, dass 1980 mit „Live Dates Volume Two" ein weiteres Konzertalbum erschien.

Inzwischen hatte sich aber im Bandgefüge einiges getan: *Ted Turner* war 1974 ausgestiegen und durch *Laurie Wisefield* ersetzt worden, der mit gerade mal 20

Jahren von der britischen Prog-Rock-Band *Home* kam. Auch kompositorisch war er fortan prägend und avancierte neben seiner Arbeit mit *Wishbone Ash* zu einem weltweit gefragten Studio- und Livegitarristen. In den folgenden Jahrzehnten spielte er unter anderem mit *Tina Turner, Joe Cocker* oder *Roger Chapman* und tourte mit dem *Queen*-Musical „We Will Rock You" um die Welt.

Zudem waren *Wishbone Ash* 1976 von Old England in die USA übergesiedelt, wo sie mit „Locked In", „New England", „Front Page News", „No Smoke Without Fire" und „Just Testing" im Jahrestakt tolle Platten auf den Markt warfen und eine Welttournee nach der anderen spielten.

Eines der bedeutendsten Stücke dieser Ära ist zweifellos das Mammutwerk „F.U.B.B." – rein instrumental lebt es vom sich furios steigernden Zwiegespräch

der beiden Gitarren. Der „New Musical Express" bescheinigte dem Stück seinerzeit „etwas Majestätisches", das sich zu „einem königlichen Orgasmus" entwickle – nun gut, das mag jeder selbst entscheiden – hier sind *Wishbone Ash* mit „F.U.B.B.", aufgenommen 1978 im Londoner *Odeon* und 1980 auf „Live Dates Volume Two" veröffentlicht.

Wishbone Ash: F.U.B.B.

Natürlich gibt es in einem halben Jahrhundert neben vielen Höhepunkten auch Krisen zu bewältigen. Eine deutete sich in den frühen 1980er Jahren an – Bassist *Martin Turner* verließ die Band und wurde zunächst durch *John Wetton* von *King Crimson*, wenig später durch *Trevor Bolden* von *Uriah Heep* ersetzt. *Laurie Wisefield* erhöhte den Speed der Kompositionen und drängte den Sound in Heavy-Metal-Richtung, was nicht alle Fans akzeptieren wollten. Die Verkaufszahlen der Alben „Number The Brave", „Twin Barrels Burning" und „Raw To The Bone" blieben hinter den Erwartungen zurück. Dann stieg auch *Laurie Wisefield* aus, *Martin Turner* kam zurück, eine im Trio aufgenommene reine Instrumental-LP floppte komplett, und das Aus für *Wishbone Ash* schien nur noch eine Frage der Zeit. Aber: Totgesagte leben mitunter länger, wie man weiß. Und so gelingt es *Andy Powell*, dem einzig verbliebenen Gründungsmitglied von *Wishbone Ash*, bis heute, immer wieder ein Quartett auf die Bühne zu stellen, das noch jedes Mal durch die bekannten Tugenden der Band – das harmonische Zusammenspiel der Leadgitarren und die mitunter fast beängstigende Perfektion des Gruppensounds – zu überzeugen weiß.

Doch bevor wir den Sprung in die 2000er Jahre unternehmen, hier noch ein
Rückgriff auf die frühen Jahre der Band: 1982
erschien die Liveplatte „Hot Ash" auf MCA
Records. Darauf unter anderem dieses Stück, das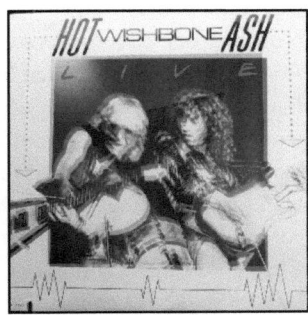
1980 bei einem Konzert in der *City Hall* von
Newcastle mitgeschnitten worden ist: „Blowin'
Free" aus der Ära mit *Ted Turner*, übrigens der
höchstdotierte Charterfolg einer *Wishbone-Ash-*
Single in der langen Bandgeschichte.

Wishbone Ash: Blowin' Free

Danach begann sich das Personalkarussell in der Band immer schneller zu drehen
– alle Wechsel sind gar nicht mehr nachvollziehbar. Die einzige Konstante blieb
Andy Powell, dem die Mühen, stets ein qualitativ hochwertiges Line-Up auf die
Bühne zu bringen, inzwischen das letzte Haupthaar geraubt haben. Neben dem
markanten Kahlschädel spielten im Laufe der Zeit unter anderem die Schlagzeuger
Ray Weston, Robbie France und *Mike Sturgis*, die Bassisten *Andy Pyle* und *Tony Kishman*
sowie die Gitarristen *Roger Filgate* und *Muddy Manninen*. Das Verblüffende: Trotz
der vielen Wechsel kein Nachlassen in der musikalischen Perfektion und nach wie
vor große Spielfreude auf den kleiner werdenden Bühnen der Welt – ich habe sie
zuletzt vor einem knappen halben Jahr in Barby bei Magdeburg in einem 500-
Mann-Saal gehört, und sie haben gerockt wie zu ihren besten Zeiten!
Zwischenzeitlich gab es mit *Martin Turner's Wishbone Ash* sogar mal ein
Konkurrenzprojekt, in dem auch *Laurie Wisefield* mitmischte – na ja, so was kennt
man ja auch von anderen Bands.
Die aktuelle *Ash*-Besetzung listet neben *Andy Powell* den Gitarristen *Mark
Abrahams* – zu ihm sage ich später noch ein paar Worte – dazu Bob Skeat am Bass
und am Schlagzeug *Joe Crabtree*. Noch immer erscheinen neue Ash-Platten, aber
natürlich erwarten die treuen Fans bei den Konzerten auch ihre alten Hymnen,
und so vergeht kein Konzertabend, an dem nicht „The King Will Come" aus
voller Kehle mitgesungen werden könnte.
Ich finde es besonders erfreulich, dass *Wishbone Ash* nach wie vor ihre Produkte
auch auf Vinyl herausbringen, obwohl damit sicher wenig zu verdienen ist, und
dass sie zahlreiche Livemitschnitte veröffentlichen, die allesamt soundtechnisch
auf höchstem Niveau abgemischt sind.
Dass *Andy Powell* und sein früherer Mitstreiter *Ted Turner* zu den wichtigen
Gitarristen der Rockgeschichte gehören, zeigt nicht zuletzt die Tatsache, dass
beide vom Produzenten *Miles Copeland* zur legendären *Night Of The Guitar-Show*
eingeladen waren und bei den sieben Konzerten im November 1988 das britische
Publikum begeisterten – neben Saitenzauberern wie *Randy California, Pete Haycock,*

Leslie West, Robby Krieger oder *Alvin Lee* – ich erinnere an die LiveRille 08, die sich ganz diesem herausragenden Ereignis der Rockgeschichte widmete (siehe S. 60). Nun aber der versprochene Sprung ins neue Jahrtausend, den die Band unter *Andy Powell* erfolgreich vollzogen hat. Besonders gern – so hört man es vom Boss der Band bis heute immer wieder – spielen *Wishbone Ash* nach wie vor in Deutschland, wo sie nach eigenen Worten zahlreiche treue Fans haben! Nachzulesen beispielsweise in den persönlichen Liner Notes, die *Powell* zum Mitschnitt „Live in Hamburg" beisteuerte, der ein am 23. Januar 2007 in der Hamburger *Fabrik* aufgezeichnetes Ash-Konzert auf Vinyl präsentiert. Das sei für *Andy Powell* immer wieder ein ganz besonderer Ort, ist da zu lesen. Aus diesem Konzert habe ich einen weniger bekannten Titel ausgewählt – „Eyes Wide Open" aus dem seinerzeit

gerade erschienen *Wishbone-Ash*-Album „Clan Destiny" mit *Muddy Manninen* an der zweiten Leadgitarre. Insider meinen übrigens, „Eyes Wide Open" wäre eher eine Reminiszenz an die andere große Zwillingsgitarren-Band *Thin Lizzy* als ein typischer *Wishbone-Ash*-Song – aber das mag jeder für sich selbst entscheiden…

Wishbone Ash: Eyes Wide Open

Die Band bleibt auch in den Folgejahren unermüdlich auf Tour, und schon 2009 erscheint mit „Live In London" das nächste Lebenszeichen direkt von der Bühne. Mit *Wishbone Ash* gemeinsam auf selbiger stand an dem Abend des Mitschnitts der finnische Gitarrist und Sänger *Ben Granfelt*, der zu Beginn der 2000er Jahre eine Zeitlang festes Mitglied der Band war, dann aber mit eigener Band weiterzog, ohne die Fäden zu *Ash* ganz zu kappen. Aus dem Londoner Konzert habe ich deshalb zwei Stücke ausgewählt, die *Granfelt* mit komponiert hat und bei denen er

hier auch stimmlich und an der Gitarre zu hören ist: „Faith, Hope And Love" und der „Almighty Blues" – *Wishbone Ash* feat. *Ben Granfelt*.

WA: Faith, Hope And Love / Almighty Blues

Die Rückkehr zu jenen Wurzeln des allmächtigen Blues, die irgendwie wohl die meisten der britischen Musiker, die in den 1960er Jahren musikalisch sozialisiert wurden, zeitlebens in sich spüren: *Wishbone Ash* gemeinsam mit *Ben Granfelt* live im Jahr 2009.

Die nächsten beiden Titel stammen von einer Doppel-LP, die zum *Record Store Day 2018* erschienen ist und den Titel „Road Works" trägt: Jede der vier Plattenseiten enthält jeweils drei Titel von vier verschiedenen Konzerten, die zwischen 2010 und 2014 mitgeschnitten wurden. Auch hier bedient ein Finne die zweite Leadgitarre: 2004 war – übrigens auf Empfehlung von *Ben Granfelt* – der bereits erwähnte *Muddy Manninen* zu *Wishbone Ash* gestoßen und spielte dort als *Granfelts* Nachfolger bis 2017.

Zunächst „You See Red", erstveröffentlicht auf dem 78er Studioalbum „No Smoke Without Fire", und anschließend „Rock'n'Roll Widow", das 1973 auf dem Album "Wishbone Four" erschienen war. Dieser Song hat eine bittere Vorgeschichte: Während eines Konzertes von *Wishbone Ash* in Texas im Jahr 1971 erschoss ein verärgerter Besucher an einem Imbissstand einen kubanischen Studenten, der ihn wohl nicht schnell genug bedient hatte. Die Band erfuhr davon erst zwei Tage später aus der Zeitung. Ihre Betroffenheit über den Vorfall führte dann schließlich zu diesem Song über die Rock'n'Roll-Witwe. Hier sind *Wishbone Ash* mit *Muddy Manninen* live im Jahr 2010.

Wishbone Ash: You See Red / Rock'n'Roll Widow

Die 15. Ausgabe der LiveRillen neigt sich dem Ende zu – heute drehte sich alles auf dem Plattenteller rund um *Wishbone Ash*, die in diesem Jahr ihr 50jähriges Jubiläum feiern. Und sie sind aktiv wie eh und je: Am 2. Juni 2019 haben sie beim *Rory Gallagher International Tribute Festival* in Irland gespielt, und gerade jetzt beginnt ihre Tour in Südafrika mit einem Konzert in Johannesburg.

Am 17. August 2019 spielen sie dann im thüringischen Waffenrod beim *Woodstock-Forever-Festival* ihr einziges Deutschland-Konzert des Jahres, danach werden sie bis zum Jahresende in England unterwegs sein. Neben *Andy Powell* steht seit 2017 mit dem 1978 in Leeds geborenen *Mark Abrahams* ein vergleichsweise junger britischer Blues- und Rockgitarrist auf der Bühne, während *Bob Skeat* am Bass und Schlagzeuger *Joe Crabtree* ja schon einige Jahre als bewährte Rhythmusgruppe die Basis für die gitarristischen Höhenflüge des *Dual Guitar Sounds* bilden.

Der Schluss führt uns aber noch mal ganz an den Anfang der Bandgeschichte: der letzte Song ihrer ersten LP aus dem Jahr 1970 war „Phoenix" betitelt – ein zehnminütiges Mammutwerk, das mit ausgefeilter Dramaturgie und den zweistimmigen Gitarrenläufen alle Vorzüge der Band enthielt. Das Stück war natürlich auch auf „Live Dates", jenem erfolgreichen Doppel-Live-Album aus dem Jahr 1973, zu hören, und von dieser Fassung gibt's jetzt noch ein paar Takte.

In der 16. LiveRillen-Ausgabe im September (nachzulesen dann im Band 2 der LiveRillen) wird das Stadion gerockt mit den großen Headlinern der 1970er Jahre: *Journey, Aerosmith, ZZ-Top* und *Uriah Heep* sind garantiert dabei.

Hier aber lassen *Wishbone Ash* ihren „Phoenix" aus der Asche steigen…

Wishbone Ash: Phoenix

Quellen:

- ➤ Wishbone Ash: Live Dates, Do.-LP, MCA, 1973
- ➤ Wishbone Ash: Live Dates Volume Two, LP, MCA, 1980
- ➤ Wishbone Ash: Hot Ash, LP, MCA, 1980
- ➤ Wishbone Ash: Live In Hamburg, LP, ZYX MUSIC, 2007
- ➤ Wishbone Ash: Live In London, LP, ZYX MUSIC, 2009
- ➤ Wishbone Ash: The Very Best Of Live At Geneva, LP, ZYX MUSIC, 2013
- ➤ Wishbone Ash: Road Works – Junctions, Do.-LP, TELP, 2018 (RSD)

Index der Bands, Musiker und Stichworte
(nur Hauptnennungen)

Bitte stets auch die Folgeseiten beachten – dortige Nennungen sind nicht gesondert aufgeführt!

Inhalt:

Nachsatz

Für meine Recherchen habe ich unter anderem die folgenden Quellen genutzt:

- Barry Graves/Siegfried Schmidt-Joos/Bernward Halbscheffel: Das neue Rocklexikon. 2 Bände, Hamburg, 1998
- Frank Laufenberg: Rock- und Pop-Lexikon. 2 Bände, Düsseldorf, 1995
- Frank Laufenberg: Pop Diary. Daten, Fakten, Geschichten, 2 Bände, München, 1995
- Manfred Langner: Beat-Lexikon. Vom Mersey-Beat bis zum Bubblegum – Die Sound-Invasion der Sixties, Berlin, 1999
- Thomas Jeier: Das neue Lexikon der Country Music. München, 1992
- Jürgen Wölfer: Lexikon des Jazz. München, 1993
- ca. 200 weitere Musikbücher, Broschüren und Zeitschriften (z. B. MINT, GoodTimes) sowie rund tausend Live-Alben in meinem Regal
- Wikipedia (deutsch/englisch)
- diverse Band- und Fan-Websites im Internet

Nicht auszuschließen sind natürlich objektive Fehler oder Ungenauigkeiten in der Darstellung. Ich freue mich deshalb über jegliche Hinweise und Korrekturen unter der Mailadresse LiveRillen@gmx.de!

Die im Text geäußerten Bewertungen sind rein subjektiv. Das mag jeder anders sehen. Vielleicht bieten die LiveRillen euch und Ihnen aber Anregungen, sich mit den genannten Künstlern, Bands und Konzertereignissen erneut und vertiefend auseinanderzusetzen. Die meisten Platten sind in guten Second-Hand-Geschäften und/oder im Internet erhältlich; viele Konzertmitschnitte sind zudem auf diversen Audio- und Videoplattformen zu finden.

Nicht zuletzt möchte ich alle am Thema Interessierten einladen zu meiner monatlichen Rundfunksendung **LiveRillen** auf **Radio Corax**, UKW 95,9 (Raum Halle/Magdeburg/Leipzig) sowie weltweit im Netz unter https://radiocorax.de/ - jeweils **am ersten Freitag des Monats von 16 bis 18 Uhr** sowie als Wiederholung **am dritten Sonntag von 12 bis 14 Uhr**.
Jeweils 12 Sendemanuskripte werden künftig in leicht bearbeiteter Form als Buch erscheinen und diesen ersten Band fortsetzen. All das ist kein Ersatz für den livehaftigen Konzertgenuss, wohl aber eine mögliche Ergänzung.

In diesem Sinne: *„Let's listen to the music – and let's talk about it!"*

Raum für Notizen